HEYNE BÜCHER

SPHINX

Thomas Cleary

Vier Wege zum Erfolg

Eine praktische fernöstliche Lebensphilosophie

WILHELM HEYNE VERLAG
MÜNCHEN

SPHINX BEI HEYNE
Herausgegeben von Michael Görden
Nr. 13/3028

Besuchen Sie uns im Internet:
http://www.heyne.de

Umwelthinweis:
Dieses Buch wurde auf
chlor- und säurefreiem Papier gedruckt.

Die Originalausgabe erschien unter dem Titel
THE HUMAN ELEMENT
bei Shambhala Publications, Boston, Massachusetts

Printed in Germany 1998
Umschlaggestaltung: Atelier Adolf Bachmann, Reischach
Umschlagabbildung: Atelier Adolf Bachmann, Reischach
Technische Betreuung: Sibylle Hartl
Satz: Pinkuin Satz- und Datentechnik, Berlin
Druck und Bindung: Elsnerdruck, Berlin

ISBN 3-453-13291-2

INHALT

✦ ✦ ✦

Einleitung

✦ ✦ ✦

Wenn Technik eine Verkörperung von Methoden oder Mitteln ist, kann auch der Umgang mit menschlichen Ressourcen als eine Art Technik angesehen werden.

Von diesem Standpunkt aus gesehen sind die Unterschiede zwischen der Technik, die im Umgang mit Maschinen angewandt wird, und der Technik, die im Umgang mit Menschen angewandt wird, wichtig.

So einfach diese Prämisse auch klingen mag – unglücklicherweise finden sich Menschen heutzutage nur allzuoft damit ab, wie Maschinen behandelt zu werden, und sei es nur aus dem Grunde, daß Maschinen als wirtschaftlich ebenso wichtig betrachtet werden wie der Mensch.

Daß dieser Umstand einen realen und notwendigen Widerspruch zwischen Technik und Menschlichkeit beinhaltet, ist jedoch ein Mythos, der die vollständige Entwicklung beider verhindert.

Die Macht der Maschinen scheint in einigen Bereichen so groß, daß sie die Aufmerksamkeit von dem Anteil des Menschen an ihrer Arbeit ablenken kann. Der menschliche Faktor ist trotz allem nicht weniger bedeutend, sondern wird immer bedeutender im Verhältnis zur Macht der Maschinen.

Humanistische Argumente gegen die Technik und technologische Argumente gegen den Humanismus zeugen beide von Einseitigkeit und von dem falschen Glauben, daß diese beiden Aspekte des Lebens in ihrer relativen Bedeutung in einem entgegengesetzten Verhältnis zueinander steigen und fallen.

Historische Prozesse führten dazu, daß sich verschiedene Literaturströmungen entwickelten, die sich damit befassen, eine geistige Differenziertheit zu fördern, die menschliche Ressourcen erkennt, organisiert und entwikkelt. Diese Art von Literatur enthält wertvolles Material, das effizientes Denken in jenen Menschen anhaltend stimulieren kann und stimuliert, die herausfordernden und anspruchsvollen Situationen gegenüberstehen.

In dieser Literatur geht es um den menschlichen Faktor im Rahmen der Gesamtheit der Welt, den Menschen als Gehirn der materiellen, wissenschaftlichen und technischen Seite der Welt. Es geht um die Evolution und Entwicklung des menschlichen Faktors in der Gesamtheit des Lebens und darum, wie die Eigenschaften jener Prozesse in der Erfahrung und Erfüllung des einzelnen Menschen gespiegelt werden.

Die humanistischen Themen solch gehobenen Bildungsmaterials basieren deshalb nicht auf der falschen Vorstellung eines grundsätzlichen Widerspruchs zwischen Humanität und Technik. Diese unnötigerweise destruktive Vorstellung ist nichts weiter als eine Umformung des sich selbst bestätigenden Glaubens, daß Religion und Wissenschaft durch das eigentliche Wesen von Glaube und Vernunft dazu verdammt sind, einander in gewisser Hinsicht auszuschließen. In Wirklichkeit aber lag der historische Gegensatz zwischen Religion und Wissenschaft oder zwischen Humanität und Technokratie im Wesen der Politik und nicht im inhärenten Wesen dessen, was in Wirklichkeit wie Körper und Gehirn zueinander steht.

Die Technik ist ein bedeutendes, sogar dominantes Element des heutigen Lebens; kein vernünftiger Humanismus kann diese empirische Tatsache ignorieren und noch immer darauf hoffen, seine humanistischen Ziele und Ideale praktisch zu verwirklichen. Die Technik hat heute einen so großen Einfluß auf die ganze Welt, daß sie sogar jene beeinflußt, die ihre Annehmlichkeiten nie genossen haben.

Die Technik ist nicht nur für die heutige Zeit von Bedeutung, sie ist darüber hinaus von Bedeutung, weil sie alle Menschen in der Zukunft berühren wird – jene, die ihre Annehmlichkeiten genießen, wie auch jene, die ihre Annehmlichkeiten nicht genießen. Aus diesem Grunde verliert der menschliche Faktor durch die Anwendung und Betreibung von Technik nicht an Bedeutung, sondern er gewinnt an Bedeutung mit der zunehmenden Macht und Differenzierung der Technik.

Die Entwicklung und Anwendung menschlicher Ressourcen ist deshalb von fortschreitender, zunehmender und sich entwickelnder Bedeutung für die menschliche Gesellschaft, während die Technik in ihrer Entwicklung fortschreitet und immer mächtiger wird.

Wenn trotz sich verändernder Bedingungen dieselbe Technik benutzt wird, setzen Überalterung und Niedergang ein. Das Gleiche geschieht, wenn die Methoden und Ziele der Entwicklung und Anwendung menschlicher Ressourcen jene der Vergangenheit sind, die keine adäquaten Ergebnisse für Gegenwart und Zukunft mehr hervorbringen – der menschliche Faktor beginnt, gewisse Fähigkeiten zu verlieren.

Eine dieser Fähigkeiten ist die Macht, die Entwicklung der Technik bewußt, effizient und sinngerichtet voranzutreiben. Als Folge dieses allmählichen Verfalls der Fähigkeit, die früher in der philosophischen Sprache als »freier Wille« bekannt war, beginnt das Gehirn schließlich seine Fähigkeit, mit der natürlichen Evolution der Technik Schritt zu halten, im Versuchslabor konkurrierenden menschlichen Verhaltens zu verlieren.

Es ist oft angenommen worden, die fortgeschrittenen Humanwissenschaften wären immer in besonderer Umgebung, in Klöstern oder Akademien ausgeübt worden, doch in Wirklichkeit wurden sie über die Jahrhunderte praktischer Anwendung an alle Lebensbereiche und -bedingungen angepaßt. Sie wurden so weit angepaßt, daß sie persönlichen und politischen Ambitionen untergeordnet wurden und so übermäßig gewichtet, doch ungenügend angewandt.

Heutzutage sind Klöster und Akademien weitgehend Museen vergleichbar. »Sorge zuerst für einen festen Stand in den täglichen Angelegenheiten innerhalb der Gesellschaft«, sagt das *Geheimnis der goldenen Blüte*, ein Lehrbuch der höheren Psychologie, geschrieben in China zur Zeit der amerikanischen Revolution, »dann erst kannst du dich um Verwirklichung bemühen und das Wesen des Geistes verstehen.« Diese neue Welle eines alten Ozeans von Lehren verkündete die moderne Auslegung der immer wiederkehrenden Pfade.

In Amerika, wo die Wirtschaftsgesellschaft in zunehmendem Maße gefordert ist, Rollen und Verantwortlichkeiten zu übernehmen, die früher hauptsächlich von Familien, Schulen, sozialen Gemeinschaften und Regierungen erfüllt wurden, wird es zunehmend dringend, nach allem Verfügbaren zu suchen, das die gegenseitige Verstärkung von individueller Aktivität und Gruppenaktivität, gerade in einer solch heterogenen Gesellschaft, unterstützen könnte. Die geforderte Bemühung, den bestmöglichen Gebrauch von solchen Dingen zu machen, hat überdies in sich selbst die Kraft, genau die Art von konstruktiver Vielseitigkeit zu entwickeln, die die Menschheit braucht, um den Herausforderungen des einundzwanzigsten Jahrhunderts zu begegnen.

Eine der Ironien der Geschichte in bezug auf die großen Traditionen höherer Bildung ist, daß das Potential ihrer Lehren als Segen wie auch als Bedrohung betrachtet wurde. So wie es immer Individuen und Organisationen gegeben hat, die versucht haben, das von solchen Traditionen übermittelte Wissen zur Erhebung von Selbst und Gesellschaft anzuwenden, so hat es auch Individuen und Organisationen gegeben, die versucht haben, dasselbe Wissen für persönliche Macht und zur Überwachung anderer Menschen zu benutzen.

Dieser Bruch in der Rezeption der spirituellen Tradition hat oft entlang sozialer und politischer Linien stattgefunden und führte zu dem, was als »höfische Version« und »Feldversion« von Wissen und Bildung bekannt ist. Königs- und Kaiserhöfe der alten Welt versuchten häufig, Philosophie und Religion zum Zwecke der Konsolidierung und Erweiterung ihrer eigenen politischen Macht zu manipulieren. Arbeiter im »Feld« der Gesellschaft im allgemeinen waren im Gegensatz dazu mehr daran interessiert, die alten Lehren den Bedürfnissen der zeitgenössischen Menschen anzupassen, individuell wie kollektiv.

Diese Unterscheidung ist von entscheidender Bedeutung für das Verständnis der verschiedenen Arten von Einfluß, die die traditionellen Bildungsmethodologien tatsächlich in der Praxis ausüben. Sie ist auch wesentlich für die Unterscheidung zwischen den praktischen Anwendungen jener Methodologien für die Gegenwart und Zukunft und jenen, die der Vergangenheit angehören.

Die Literatur, auf die sich dieser Kurs zur effizienten Umsetzung geistigen Potentials stützt, entstand im alten Orient, der enorme Kenntnisse über den Reichtum menschlicher Ressourcen hatte. Die meisten der zitierten Werke sind im Westen seit über einem Jahrhundert bekannt, einige seit zwei oder mehr Jahrhunderten, wenn auch oft in rohen und kulturell voreingenommenen Fassungen. Diese Literatur ist also bis zu einem gewissen Grad im Westen naturalisiert. Sie ist heute auch Gegenstand zunehmender Aufmerksamkeit seitens der westlichen Menschen, einschließlich vieler Menschen, denen angeblich altes oder asiatisches Denken bisher bestenfalls irrelevant erschien. Jeder der vier Abschnitte stützt sich auf eine bedeutende Tradition praktischer Philosophie; nach einer allgemeinen Einführung in diese Denkweisen werden Auszüge aus wichtigen traditionellen Lehrbüchern übersetzt und für ein modernes Publikum interpretiert, worauf eine kurze erläuternde Bibliographie der Quellen folgt.

Konfuzianismus

Der Konfuzianismus galt mehr als zweitausend Jahre lang gleichsam als die orthodoxe Ideologie Chinas. Enorm einflußreich war er außerdem in Japan, Korea und in Vietnam. Heutzutage wird im Westen allgemein anerkannt, daß gewisse Aspekte des Konfuzianismus den außerordentlichen geschäftlichen Fähigkeiten der nichtkommunistischen Chinesen, der Japaner und der Koreaner zugrunde liegen. Ironischerweise scheint eine seiner Hauptmaximen, nämlich daß Profit im Vergleich zu Pflicht und Gerechtigkeit ein geringeres Motiv darstellt, den Konfuzianismus als nützliche Ideologie für die Geschäftswelt in Frage zu stellen. Während wörtliche Interpretationen des konfuzianistischen Prinzips asiatische Regierungen früher zu einer verhängnisvoll nachlässigen Politik gegenüber dem Handel verleitet haben mögen, schwächt die Unterordnung des Profitmotivs unter Pflicht und Gerechtigkeit trotzdem die praktische Anwendbarkeit des Konfuzianismus in der modernen Welt nicht eigentlich.

Diese Tatsache kann beobachtet werden in der beispielhaften modernen japanischen Matsushita-Geschäftsphilosophie, die nach alten Vorbildern von dem verstorbenen Matsushita Konosuke formuliert wurde, der weithin als Keiei no Kamisan, als »Genius des Managements«, bekannt war. Seine Philosophie basiert auf dem Gedanken, daß Industrie und Geschäftswelt die Pflicht haben, die Bedürfnisse der Gesellschaft zu erfüllen, und daß Profit legitim und tatsächlich notwendig ist, wenn er zur Erfüllung dieser Pflicht eingesetzt wird. Von einem solchen Standpunkt her gesehen ist es in sich eine gerechte Pflicht, einen fairen Profit zu machen, insofern als dieser Profit ein Unternehmen dazu befähigt, der Öffentlichkeit weiterhin zu dienen.

In diesem Sinne liegen Profit und Pflicht nicht länger in Widerstreit miteinander, sondern ergänzen einander sogar. In je größerem Umfang ein Unternehmen seine gerechte Pflicht, der Öffentlichkeit zu dienen, erfüllt, desto größer sind seine Profite; und je größer die Profite, desto größer ist die Kapazität des Unternehmens, solche Güter zu produzieren oder solche Dienste zu erfüllen, wie sie die Gesellschaft für notwendig, zweckmäßig oder wünschenswert erachtet.

Diese Art von »Feldkonfuzianismus« hat immer dazu geneigt, weit mehr individualistisch, vielfältig, pragmatisch und interessant zu sein als »höfischer« Konfuzianismus, der sich stark an autoritäre Regierungssysteme und Mechanismen der Gedankenkontrolle anlehnte. Der Kommunismus in China ist tatsächlich eine Erweiterung dieser alten höfischen Tradition, obgleich er vorgibt, die Vergangenheit zu überwinden.

Die meisten im Westen gut bekannten Klischees über den Konfuzianismus stammen vom »höfischen« Konfuzianismus oder von Spuren davon. Dies ist ein Ergebnis spezifischer historischer Bedingungen, einschließlich der Wirkung der Gedankenkontrollmechanismen, die von den alten Höfen angewandt wurden.

In diesem Buch werden Sprüche von Konfuzius selbst

genommen, und sie stehen hier für den wahren Puls dieser Philosophie und das Beste von dem, was sie jeder Generation zu bieten hat, die damit in Berührung kommt.

Taoismus

Taoismus ist ein gemeinsamer Name für die ältesten Wissenssysteme in Ostasien. Die Legende verbindet die Ursprünge der Zivilisation in Asien mit taoistischen Riesen der fernen Vorzeit. Während westliche Gelehrte, die der chinesischen höfischen Tradition folgen, daran gewöhnt sind, den Taoismus als dem Konfuzianismus entgegengesetzt zu sehen, betrachten orthodoxe Taoisten den Konfuzianismus als Abspaltung einer ursprünglich einheitlichen Tradition.

Die Spaltung der alten Tradition in konfuzianistische und taoistische Fachgebiete ereignete sich während der ersten Hälfte des ersten Jahrtausends v. Chr. Sie wurde gefördert durch den zunehmenden Druck entlang der festgesetzten Hof/Feld-Teilung. Diese Spaltung in der chinesischen Kultur und Gesellschaft kam einem geologischen Bruch gleich, in dessen Bereich über die Jahrhunderte von Zeit zu Zeit Erdbeben ausbrachen.

Während der Konfuzianismus sich auf soziale und politische Studien spezialisierte, schlossen die taoistischen Interessen die Naturwissenschaften und die höhere Psychologie mit ein. Obgleich es viele Kontroversen gab zwischen extrem polarisierten Parteien der Konfuzianer und Taoisten, hatte jeder irgendeine Verbindung zu beiden Traditionen, und alle Menschen in Machtpositionen studierten beide Richtungen. In vielen Fällen jedoch wurden taoistische Studien unter Konfuzianern und anderen weltlichen Fachleuten geheimgehalten, da der Ruf der taoistischen Adepten, sie verfügten über außergewöhnliche Kräfte, für Laien im öffentlichen Leben gefährlich war.

Der Taoismus ist wegen seiner Verschwiegenheit oft als esoterisch und jenseitsgerichtet mißverstanden worden. Die politischen Maßstäbe des Taoismus waren so hochstehend, daß sie die chinesischen Machthaber als die Tyrannen bloßstellten, die sie waren, und so auch die Leben jener in Gefahr brachten, die für diese Philosophie eintraten. Als der Konfuzianismus im zweiten Jahrhundert v. Chr. durch die chinesische Regierung formal zur einzig orthodoxen Denkweise erklärt wurde, lebte die Hauptströmung des Taoismus bis zum Zusammenbruch der Dynastie, Hunderte von Jahren später, im Untergrund weiter.

Der Taoismus kehrte gegen Ende des zweiten Jahrhunderts n. Chr. mit beispielloser Kraft aus seiner Abgeschiedenheit ins öffentliche und politische Leben zurück. Eine geheime taoistische Organisation, geführt von taoistischen Heilern, breitete sich über die ländlichen Gegenden aus und erwartete dort den Moment, das korrupte und grausame Regime, das China und Korea annähernd vierhundert Jahre beherrscht hatte, umzustürzen.

Obwohl die Bewegung durch einen Treulosen verraten wurde und an militärischer Schärfe verlor, spielte ihre verbleibende gewaltige Kraft eine entscheidende Rolle beim Untergang der Dynastie und der Wiedergeburt eines neuen China. Für eine gewisse Zeit existierte sogar ein separater taoistischer Staat mit diplomatischer Anerkennung seitens der chinesischen Regierung.

Nach dem Untergang des chinesischen Kaiserreichs im dritten Jahrhundert n. Chr. spielte der Taoismus verschiedene Rollen in der Gesellschaft. Viele chinesische konfuzianische Intellektuelle, die nun nicht mehr die enge Sichtweise der orthodoxen Schule aufrechterhalten mußten, tauchten ein in die breiteren Traditionen des Taoismus. Diese Denker brachten eine lebendige Bewegung in

Literatur und Kunst hervor und priesen ein neues, umfassenderes Bewußtsein.

Während dieser Zeit wurden weite Gebiete des alten chinesischen Kaiserreichs von kleineren Nationen im Norden und Westen zurückerobert oder neu eingenommen. Diese politische Situation erlaubte ein verstärktes Einfließen schamanistischer und buddhistischer Vorstellungen und Bräuche nach China. Der Taoismus spielte eine bedeutende Rolle dabei, die neuen Gedankenströme aufzunehmen und anzupassen, neue Institutionen zu entwickeln und eine neue Literatur hervorzubringen, um die intellektuellen und kulturellen Wandlungen in Übereinstimmung zu bringen.

Nach der Wiedervereinigung Chinas gegen Ende des sechsten Jahrhunderts rückte der Taoismus kurz in den Mittelpunkt unter der glanzvollen T'ang-Dynastie (619 bis 905), deren Kultur die Ergebnisse jahrhundertelangen internationalen Austauschs vereinigte. Für eine gewisse Zeit wurde den taoistischen Klassikern das Siegel der Orthodoxie gewährt, und es wurde möglich, sich für den Staatsdienst zu qualifizieren, indem man einen akademischen Grad in taoistischen Studien erwarb.

Die neue offizielle Anerkennung des Taoismus führte zu zahlreichen wichtigen Funden bei der Erforschung des alten Taoismus. Weniger positiv war der Einfluß der Orthodoxie auf die Hof/Feld-Teilung der taoistischen Studien. Während taoistische Tempel sich ausbreiteten und die taoistische Liturgie und Literatur unter der königlichen Schirmherrschaft ungeheure Ausmaße annahmen, entwickelte sich das spirituelle Interesse am Taoismus von diesem Formalismus weg. Gegen Ende der T'ang-Dynastie entstand bereits eine neue taoistische Bewegung, die zu den ursprünglichen Prinzipien und Praktiken des alten Taoismus zurückkehrte.

Nach dem Ende der T'ang-Dynastie machte die Sung-

Dynastie (960–1278) die nächste bedeutende Phase in der Entwicklung der chinesischen Kultur aus. Während der Sung-Dynastie traten neue lebendige konfuzianistische und taoistische Schulen mit durchschlagender Kraft hervor, die auf die alten Klassiker zurückgingen und doch radikale Wandlungen in der exegetischen Tradition hervorbrachten. Während diese kulturellen Ereignisse verwirrend wirken auf jene Gelehrte, die lediglich den Konfuzianismus betrachten, gibt es unbestreitbare Beweise dafür, daß die Renaissancen von Taoismus und Konfuzianismus beide direkt durch den Ch'an-Buddhismus angeregt waren. Trotz ihrer großen kulturellen Errungenschaften ging die Sung-Dynastie schließlich an ihrem Militarismus zugrunde. Eine Reihe von Eroberern fiel in das Land ein, was in der Besetzung des ganzen Landes durch eine Dynastie mongolischer Krieger gipfelte. Obgleich neugierig und einigermaßen tolerant gegenüber verschiedenen Denkweisen, waren die mongolischen Khane mißtrauisch gegenüber politischer Macht und organisierter Religion. Sie zerstörten den größten Teil des taoistischen Kanons und überwachten die Konfuzianer, indem sie für das Prüfungssystem des öffentlichen Dienstes einen drastisch begrenzten Lehrplan einrichteten. Diese Umstände trugen natürlich dazu bei, die Hof/Feld-Spaltung in beiden Traditionen, Taoismus wie Konfuzianismus, zu verschlimmern, woraufhin weite Teile der ernsthaften spirituellen und intellektuellen Aktivitäten im Untergrund weiterlebten. In einigen Fällen war diese Untergrundaktivität auch mit Volksbefreiungsbewegungen verbunden.

Als die mongolischen Khane durch die einheimische Ming-Dynastie im vierzehnten Jahrhundert aus China vertrieben wurden, unterdrückte die neue Regierung diese Bewegungen ebenso scharf, wie es die Mongolen getan hatten. Weit davon entfernt, China von der repressiven Herrschaft der mongolischen Khane zu befreien, richtete die neue Ming-Dynastie den größten Teil ihrer Aufmerksamkeit auf den Erhalt ihrer eigenen Macht.

Die Ming-Regierung setzte den Versuch fort, die Gedanken zu kontrollieren, indem sie Buddhismus und Taoismus unterdrückte und die Maßnahmen der Khane übernahm, um die konfuzianische Intelligenz auf ein enges und festgelegtes Lehrprogramm zu begrenzen. Die Manchu-Ch'ing-Dynastie, die China im siebzehnten Jahrhundert von der Ming-Dynastie übernahm, verfolgte die Politik der Gedankenkontrolle für weitere dreihundert Jahre, den ganzen Weg bis ins frühe zwanzigste Jahrhundert, und hinterließ eine unauslöschliche Prägung unter den orthodoxen Gelehrten Chinas.

Diese ganze schwierige Geschichte hindurch hat es jedoch immer auch jene gegeben, die ohne politische Ambitionen an die Klassiker herantraten. Ihnen ging es um ihre persönliche Entwicklung, um die Verbesserung ihres familiären, sozialen und beruflichen Verhaltens, um die Verbesserung ihrer Beziehungen, um Bildung und Wohlergehen ihrer Gemeinden und das Gefühl der Verbundenheit mit einer höheren Wirklichkeit.

Das Buch der Wandlungen

Das *I Ging* oder *Buch der Wandlungen* ist eines der ältesten und bekanntesten Bücher der Welt. Obgleich es ein äußerst altes Quellenbuch beider Traditionen, des Taoismus wie auch des Konfuzianismus, darstellt und Konfuzius' Analekten wie auch dem Taoteking des taoistischen Ahnen Laotse vorausgeht, ist das *Buch der Wandlungen* in sich so rätselhaft, daß diese späteren Philosophien traditionell dazu herangezogen werden, um es zu entschlüsseln.

Das *Buch der Wandlungen* ist in der heute allgemein

bekannten Form etwa dreitausend Jahre alt. Es ist der dritte in einer Reihe solcher Texte. Einige Gelehrte nehmen an, daß seine Vorgänger sechs- und zwölfhundert Jahre vorher verfaßt worden sind. Alle drei dieser Wandlungsbücher werden mit der Gründung alter Dynastien, deren frühe Könige von taoistischen Weisen unterwiesen wurden, in Verbindung gebracht.

Das letzte und am weitesten entwickelte dieser Wandlungsbücher, das noch heute in Gebrauch ist, wird den Gründern der Chou-Dynastie zugeschrieben, die im elften und zwölften Jahrhundert v. Chr. lebten. Diese Gründer waren selbst Schüler eines Taoisten von überragendem Geist und ungeheurem Wissen, dessen Meisterschaft politische und taktische Wissenschaften einschloß. Es ist deshalb sehr wahrscheinlich, daß das *Buch der Wandlungen* tatsächlich dem Lehrer dieser angesehenen Autoren zuzuschreiben ist.

Das *Buch der Wandlungen*, das als tiefgründigstes der klassischen Werke angesehen wird, ist auf viele verschiedene Weisen, den jeweiligen Schulen entsprechend, interpretiert worden. Obgleich es als Buch eine standardisierte Form hat, werden auch zahlreiche traditionelle Auslegungssysteme benutzt, um die Elemente dieses Buches umzuordnen und neu zu strukturieren, um seine verborgenen Dimensionen herauszuarbeiten.

Unterweisungen in der Kunst des Krieges

Aufgrund der Aufmerksamkeit, die chinesische Denker auf die Sozialwissenschaften verwandten, entwickelten sich Philosophien des Konflikt- und Krisenmanagements auf natürliche Weise parallel zu den organisatorischen Konzepten und Techniken, auf denen die frühen Erfolge der Zivilisation basierten.

Werke zur politischen und militärischen Strategie können zurückverfolgt werden bis ins zwölfte Jahrhundert v. Chr., als das ursprüngliche Wissen, das Taoismus, Konfuzianismus und dem *Buch der Wandlungen* zugrunde liegt, noch in einer umfassenden und einheitlichen Tradition erhalten war, statt in verschiedene spezialisierte Zweige aufgeteilt zu sein. Die Fokussierung auf politische und militärische Strategien verschärfte sich natürlich mit dem Niedergang der klassischen chinesischen Sozialordnung vom achten Jahrhundert bis zum dritten Jahrhundert v. Chr., doch die Kriegskunst blieb dennoch eingebettet in den Rahmen der einen oder anderen weiter gefaßten Humanwissenschaft.

Der wahrscheinlich bekannteste Klassiker der strategischen Künste ist Sunzis *Die Kunst des Krieges,* gefolgt von dem anonymen mnemonischen Werk *Sechsunddreißig Strategien.* Der erstgenannte Text ist im Westen seit mehr als zweihundert Jahren bekannt und wurde in verschiedene europäische Sprachen übersetzt. Beiden Klassikern wurde in den letzten Jahren im Westen weitverbreitete Aufmerksamkeit zuteil. In ihrer einheimischen Kultur sieht man beide Werke in Verbindung mit weiteren menschlichen Bereichen und Belangen als dem Krieg im wörtlichen Sinn.

Der Hauptunterschied, der noch immer beim Studium von *Die Kunst des Krieges* zwischen Ost und West besteht, ist der, daß viele westliche Menschen versäumen, Taoismus, Konfuzianismus und das *I Ging* parallel zu studieren. Diese Haltung ist im Osten undenkbar und mag nach und nach auch im Westen verschwinden.

Aus diesem Grunde sind Auszüge aus *Die Kunst des Krieges* und den *Sechsunddreißig Strategien* trotz ihrer scheinbaren Nichtübereinstimmung in dieses Kursbuch eingeschlossen. Die Vermeidung von unbewußter wie auch bewußter Nichtübereinstimmung ist eine universelle geistige Gewohnheit, die unglücklicherweise regelmäßig in der strategischen Kriegskunst als Zielscheibe benutzt wird. Die Fähigkeit, verschiedene Sichtweisen der Realität ohne gegenseitige Beeinträchtigung aufrechtzuerhalten, ist deshalb nicht nur ein Weg zu höherer intellektueller Fähigkeit, sondern auch eine wesentliche Methode der Selbstverteidigung gegen die Verwundbarkeiten, die Ignoranz, Blindheit und gefühlsmäßige Vorurteile hervorrufen.

Noch einmal – da der Kommentar durch dieses Buch hindurch Gedanken anregen soll statt Bedeutungen zu begrenzen, beinhalten die Kommentare zu *Die Kunst des Krieges* und den *Sechsunddreißig Strategien* bewußte Provokation und radikale Desillusionierung. Dies geschieht, wie bei allen Kommentaren in diesem Buch, in der Absicht, den Wahrnehmungs- und Gedankenhorizont durch die Veranschaulichung von Einsichten und Ideen zu erweitern, die durch den Kontakt mit zeitlos gültigen Erfahrungen und Lebensweisheiten ausgelöst wurden.

Konfuzius

Vom Zuhören

Konfuzius sagte: »Beurteile Menschen nicht nur aufgrund dessen, was sie sagen. Lasse nicht etwas Gesagtes unbeachtet nur wegen der Person, die es sagt.«

Ein Grund dafür, weshalb Menschen nicht nur aufgrund dessen, was sie sagen, beurteilt werden sollten, liegt darin, daß sie lediglich die Gedanken anderer nachplappern könnten. Und doch ist gerade dies auch ein Grund dafür, etwas Gesagtes nicht wegen der Person, die es gesagt hat, zu ignorieren. Der einigende Faden liegt in der Konzentration auf Gedanken statt auf Persönlichkeiten.

✦ ✦ ✦

Konventionen

Konfuzius sagte: »Wenn etwas von allen nicht gemocht wird, prüfe es. Wenn etwas von allen gemocht wird, prüfe es.«

Spontane Einstimmigkeit ist ein seltenes Phänomen. Herbeigeführte Einstimmigkeit kann versteckte Widersprüche und Gegensätze verbergen, die eitern und mit der Zeit ausbrechen können. Es mag sein, daß sich die Einstimmigkeit nicht auf das Objekt bezieht, sondern das Ergebnis des Verlangens nach Bestätigung und Versicherung ist, das sich über die Verschiedenheiten von Wahrnehmung und Meinung hinwegsetzt.

Dies kann sich in unkritische Blindheit verwandeln, was sehr gefährlich ist; und so empfehlen Taoismus wie auch Konfuzianismus, daß immer dann, wenn alle etwas mögen oder nicht mögen, der kluge Beobachter nach bedingenden Faktoren außerhalb des Objektes der Billigung oder Mißbilligung Ausschau halten sollte. Auf diese Weise nähert man sich einem besseren Verständnis der Tendenz zur Einstimmigkeit an. Laotse sagte: »Wenn jeder weiß, daß das Schöne schön ist, so ist das häßlich; wenn jeder weiß, daß das Gute gut ist, so ist das nicht gut.«

✦ ✦ ✦

Rede und Handlung

Konfuzius sagte: »Früher hörte ich, was Menschen sagten, und vertraute darauf, daß sie ihren Worten entsprechend handeln würden. Heute höre ich, was sie sagen, und beobachte, ob sie ihren Worten entsprechend handeln.«

Eine Zen-Weisheit sagt: »Gehe bei der Beurteilung anderer nicht von dir aus.« Es ist offensichtlich falsch, seine eigenen Mängel und Fehler auf andere zu projizieren; es ist weniger offensichtlich, doch nicht weniger falsch, unsere eigenen Stärken auf andere zu projizieren. Wenn man unbewußt anderen Eigenschaften zuschreibt, die man von sich selbst erwartet, mag dies zu unvernünftigen Erwartungen führen, die Scheitern und Enttäuschung nach sich ziehen.

Konfuzius fügte den hier vorangestellten Anmerkungen hinzu: »Es lag in meiner Macht, dies zu tun.« Das bedeutet, er erkannte, daß er nicht die Macht hatte dafür zu sorgen, daß die Menschen taten, was sie sagten. Er hatte lediglich die Macht, für sich selbst zu sehen, ob die Menschen taten, was sie sagten oder nicht. Diese Haltung bedeutet nicht nur eine geringere Belastung für alle Beteiligten, sie ist aufschlußreicher, da weniger Aufmerksamkeit durch den emotionalen Konflikt verlorengeht.

Individualismus und Gesellschaft

Konfuzius sagte: »Sei streng, doch nicht streitsüchtig. Vereinige dich mit anderen, doch schließe dich keinen eigennützigen Parteien an.«

Dies ist das Rezept für einen Individualismus, der wirklich individualistisch ist, ohne die soziale Pflicht zu vernachlässigen. Aus dieser Sicht bedeutet Individuum zu sein, Verantwortung für sich zu übernehmen und sich nicht mit anderen zu vergleichen. Soziale Pflicht ist die Anerkennung der tatsächlichen wechselseitigen Abhängigkeit aller Mitglieder der Gesellschaft und nicht die bewußte Zusammenarbeit einiger um ihrer selbst willen und zum Schaden anderer.

Wenn es extrem schwierig zu sein scheint, diese Ideale in ihrer reinen Form zu verwirklichen, so liegt der eigentliche Grund darin, daß in diesem Gedankensystem Ideale als eine Motivation für die Menschheit, sich zu entwikkeln, angesehen werden. Indem sie sich auf Ideale beziehen, so glaubt man, können sich die Menschen an ein Gefühl von Demut und Inspiration gewöhnen, das anders in der Praxis nicht zu erwerben wäre.

✦ ✦ ✦

Wahrheit und Ernsthaftigkeit

Konfuzius sagte: »Wenn du stehst, sieh Wahrheit und Ernsthaftigkeit dort vor dir; wenn du in einer Kutsche fährst, sieh Wahrheit und Ernsthaftigkeit bei den Zügeln. Dann kannst du wirkungsvoll handeln.«

Ohne Wahrheit mag Ernsthaftigkeit wenig mehr sein als eine Übertreibung der Persönlichkeit oder eine subjektive

Besessenheit; ohne Ernsthaftigkeit hat Wahrheit keine Ausdrucksmöglichkeit in der Welt.

✦ ✦ ✦

Beförderungen

Konfuzius sagte: »Stelle den Ehrlichen über den Unehrlichen, und die Menschen werden folgen. Stelle den Unehrlichen über den Ehrlichen, und die Menschen werden nicht gehorchen.«

Der Konfuzianismus wurde oftmals, innerhalb und außerhalb der chinesischen Tradition, als eine Philosophie dargestellt, die bedingungslosen Gehorsam gegenüber der Autorität und Übereinstimmung mit dem Status quo fordert.

Der ursprüngliche Konfuzianismus jedoch, so wie er durch die Sprüche von Konfuzius selbst veranschaulicht wird, war nicht so. Konfuzius lehrte denkende Menschen zu unterscheiden zwischen natürlicher Autorität, basierend auf moralischer und geistiger Entwicklung und von Menschen geschaffener Autorität, basierend auf wirtschaftlicher, politischer, technischer und militärischer Entwicklung.

Es war seine Vision, natürliche Autorität und politische Autorität in der ursprünglichen Einheit, an die er glaubte, wiedervereint zu sehen; deshalb betrachtete er die Auswahl der Kabinettsmitglieder und ernannten Beamten als die größte Verantwortung der Regierung.

An der Spitze zu stehen bedeutete, daß Herrscher tatsächlich nur sehr wenig tun konnten in Hinblick darauf, daß die Dinge wirklich so getan wurden, wie sie getan werden sollten; so war die Ermächtigung ehrlicher und ehrenwerter Menschen eine praktische Notwendigkeit, um wahre Autorität zu vermitteln.

Dies ist der Kern des Problems aller großen Organisationen, die aus diesem Grunde die Entwicklung menschlicher Fähigkeiten vorantreiben müssen, um erfolgreich arbeiten zu können.

✦ ✦ ✦

Eile und Belanglosigkeit

Konfuzius sagte: »Sehne dich nicht nach Schnelligkeit und schenke geringen Vorteilen keine Beachtung. Wenn du dir Schnelligkeit wünschst, wirst du keinen Erfolg haben, und wenn du geringen Vorteilen Beachtung schenkst, wirst du keine großen Dinge vollenden.«

Dies kann auf alle Arten von Aktivitäten und Bestrebungen angewandt werden: einen Haushalt zu gründen und zu unterhalten, Kinder aufzuziehen, in einem Geschäft oder Beruf zu arbeiten, intellektuelles oder künstlerisches Empfinden auszubilden, ein Ziel im Leben zu verfolgen. Laotse sagte: »Ein großes Gefäß wird langsam vollendet.«

✦ ✦ ✦

Fehler begehen

Konfuzius sagte: »Wenn du einen Fehler machst und ihn nicht korrigierst, so nennt man das einen Fehler.«

Der berühmte Zen-Meister Yuanwu sagte: »Wer macht keine Fehler? Deshalb ist es die Selbstberichtigung, die Wertschätzung erfährt.« Da der Fehler darin liegt, ihn nicht zu korrigieren, verwandeln sich Vermeidungsstrategien wie Selbstrechtfertigung, Rationalisierung oder die Beschuldigung anderer in schlimmere Fehler als der ursprüngliche Fehler selbst. Laotse sagte: »Dadurch, daß sie die Krankheit der Krankheit kennen, vermeiden Weise, krank zu sein.«

✦ ✦ ✦

Selbstberichtigung

Konfuzius sagte: »Wenn du dich selbst korrigieren kannst, was für ein Problem kann Führerschaft dann für dich sein? Wenn du dich jedoch nicht selbst korrigieren kannst, wie kannst du dann andere korrigieren?«

Konfuzius glaubte, und es stand ihm beachtliches Beweismaterial zur Verfügung, daß die Menschen dazu neigen, jenen Herrschern und Beamten weniger zu gehorchen, die ihre eigenen Gesetze selbst nicht respektieren.

Auf einer anderen Ebene bedeutet dies, daß man die Einsicht in die menschliche Natur, die für einen Führer oder Ratgeber anderer erforderlich ist, nicht entwickeln kann, ohne seinen eigenen Mängeln und Fehlern ins Gesicht zu sehen und ohne an Ausgleich und Änderung zu arbeiten.

✦ ✦ ✦

Besorgnis

Konfuzius sagte: »Unedle Menschen sind nicht geeignet für Autoritätspositionen, denn sie sorgen sich darum, etwas zu bekommen; und wenn sie erst bekommen haben, was immer sie wollten, dann sorgen sie sich dar-

um, es wieder zu verlieren. Solange sie sich darum sorgen, etwas zu verlieren, kann man nicht vorhersehen, was sie tun werden.«

Bitte schenken Sie der Schlußfolgerung dieser These Ihre besondere Aufmerksamkeit. Der *Kunst des Krieges* zufolge sollte man seine Gegner selbst dann, wenn man sie schlagen will, nicht in eine Lage bringen, in der sie sich so verzweifelt fühlen, daß sie mit der blinden Raserei eines in die Enge getriebenen oder sterbenden Tieres um sich schlagen.

✦ ✦ ✦

Gemütsruhe

Konfuzius sagte: »Sei gleichmütig und klaren Geistes, nicht immer besorgt.«

Zen-Meister nennen dies den Zustand der Gelassenheit oder des »Nichts«. Sie raten den Menschen darüber hinaus, »nicht aus Nichts etwas zu machen«, da »immer wieder Unruhe aus Gelassenheit geboren wird«.

Einfacher ausgedrückt bedeutet dies, daß Gleichmut und Klarheit des Geistes als vorteilhafte Zustände angesehen werden, die durch Ruhe erlangt werden; zu viel Sorge um das Erreichen dieser Zustände schlägt jedoch in ihr Gegenteil um.

✦ ✦ ✦

Ein Barometer

Konfuzius sagte: »Die Menschen begehen Fehler entsprechend ihrem individuellen Typus. Wenn du die

Fehler der Menschen beobachtest, kannst du ihren menschlichen Charakter erkennen.«

Dies ist eine besonders nützliche Lektion für Menschen in Management- oder Führungspositionen. Der geringste Vorteil dieser Praktik ist die Transformation von Ärger und Enttäuschung in Wissen und Verständnis.

✦ ✦ ✦

Schwierigkeit und Leichtigkeit

Konfuzius sagte: »Es ist besser, wenn es leicht ist, für einen zu arbeiten, man aber schwer zufriedenzustellen ist, als daß es hart ist, für einen zu arbeiten, man aber leicht zufriedenzustellen ist. Wenn es leicht ist, für einen zu arbeiten, man aber schwer zufriedenzustellen ist, so bedeutet dies, daß man es ablehnt, willkürlich zufriedengestellt zu sein, und daß man individuelle Fähigkeiten bedenkt, wenn man Aufgaben überträgt. Wenn es hart ist, für einen zu arbeiten, man aber leicht zufriedenzustellen ist, so bedeutet dies, daß man sich leicht mit gewissen Dingen zufriedengibt, ohne darauf zu achten, ob sie richtig oder falsch sind und von Angestellten alles erwartet, ungeachtet ihrer individuellen Fähigkeiten.«

Anspruchsvoll, ohne überfordernd zu sein, ist eine Bedingung wahrer Führerschaft, und dies zeigt den wahren Meister; in alltäglichen Worten – suche die richtige Person für die Aufgabe, und sie wird ohne Zwang und Druck erledigt werden.

Überfordernd ohne angemessen zu sein ist ein Zeichen von persönlicher Vergiftung durch Führungsmacht; da die Aufmerksamkeit hauptsächlich auf subjektiver Befriedigung liegt, ist die Wahrnehmung der äußeren Realitäten unzuverlässig und ineffizient.

✦ ✦ ✦

Klarheit und Zurückhaltung

Konfuzius sagte: »Es ist besser, klar zu sein ohne Zurückhaltung als zurückhaltend zu sein ohne Klarheit.«

Klar zu sein ohne Zurückhaltung bedeutet, aktiv in die Welt einbezogen zu sein, ohne am weltlichen Ärger teilzuhaben; zurückhaltend zu sein ohne Klarheit bedeutet, sich selbst zu verärgern, indem man versucht, weltliche Dinge zu vermeiden.

✦ ✦ ✦

Menschen und Worte

Konfuzius sagte: »Du verlierst Menschen, wenn du nicht mit jenen sprichst, die es wert sind, daß du mit ihnen sprichst; du verlierst Worte, wenn du mit jenen sprichst, die es nicht wert sind, daß du mit ihnen sprichst.«

Es ist eine interessante Übung, sich selbst daraufhin zu prüfen, ob man Menschen oder Worte verliert. Gewöhnlich verlieren wir beides dann und wann. Wenn Sie dazu neigen, Menschen zu verlieren, könnte es für Sie erforderlich sein, die Gewohnheit zu pflegen, nach dem Besten im anderen Ausschau zu halten. Wenn Sie dazu neigen, Worte zu verlieren, könnten Sie versuchen, Ihre Impulsivität zu beruhigen.

Gut und Schlecht

Konfuzius sagte: »Die besten Menschen fördern das Gute in anderen, nicht das Schlechte. Die schlechtesten Menschen fördern das Schlechte in anderen, nicht das Gute.«

Wenn man diese Aussage meistert, kann man auf tausend Bücher über Führerschaft und Management verzichten.

✦ ✦ ✦

Menschlichkeit

Konfuzius sagte: »Du verdienst die Bezeichnung ›menschlich‹, wenn du fünf Dinge in dieser Welt praktizieren kannst: Respekt, Großmut, Aufrichtigkeit, Klugheit und Großzügigkeit.«

Konfuzius betrachtete die Menschlichkeit oder Menschenfreundlichkeit als die in diesem Leben auszuübende Kardinaltugend, doch er entdeckte so viel Tiefe darin, daß es ihm schwerfiel, seine Vorstellung von Menschlichkeit in allen Einzelheiten zu definieren. So lassen sich in seinen Sprüchen viele Passagen zu diesem Thema finden; doch am klarsten sind jene Punkte, die den Menschen vom Tier unterscheiden.

✦ ✦ ✦

Gerechtigkeit

Konfuzius sagte: »Meide beides, Ablehnung und Zuneigung, und behandle die Menschen mit Gerechtigkeit.«

Ablehnung und Bindung deuten auf subjektive Vorurteile, die die Fähigkeit der unvoreingenommenen Beobachtung und Einschätzung behindern. Einer Zen-Weisheit zufolge gibt es »Weise, die sehen können, was gut ist an dem, was sie nicht mögen, und was schlecht ist an dem, was sie mögen.« Außer dieser Art von Unvoreingenommenheit gibt es keinen praktischen Weg, Menschen gerecht und ohne Vorurteile zu behandeln.

✦ ✦ ✦

Studieren und Denken

Konfuzius sagte: »Studieren, ohne zu denken, ist blind; Denken, ohne zu studieren, ist gefährlich.«

Ohne Denken kann man das Studium nicht in sich aufnehmen; ohne Studium bleibt das Denken unwissend.

✦ ✦ ✦

Inkompetente Führerschaft

Konfuzius sagte: »Wenn du Menschen bestrafst, ohne sie vorher ermahnt zu haben, so ist das grausam. Wenn du sie prüfst, ohne sie unterrichtet zu haben, so ist das brutal. Wenn du locker bist in der Führung und dennoch Grenzen ziehst, so ist das boshaft. Wenn du damit geizt, anderen das zu geben, was ihnen zusteht, so ist das bürokratisch«

Diese Bemerkungen sind unabdingbare Lektüre für Menschen in Führungs- oder Befehlspositionen. Es ist erwähnenswert, daß das japanische Management von Auslandsfilialen oft kritisiert wird, weil sein Verhalten gegenüber Arbeitern im Widerspruch steht zu den hier von Konfuzius dargelegten Prinzipien. Bei genauerer Betrachtung scheint dieser Fehler aber mehr an dem Unbehagen und der Zurückhaltung der Japaner in einem fremden kulturellen und sprachlichen Umfeld zu liegen als an mangelnder Vertrautheit mit den klassischen konfuzianistischen Idealen.

✦ ✦ ✦

Ernsthaftigkeit, Loyalität und Begeisterung

Konfuzius sagte: »Sei würdevoll, und die Menschen werden ernsthaft sein. Sei umgänglich und freundlich, und die Menschen werden loyal sein. Fördere das Gute, lehre den Unerfahrenen, und die Menschen werden begeistert sein.«

Dies ist das Rezept für Führerschaft auf allen Ebenen. Wie andere solcher Rezepte ist es ein Widerhall des zentralen konfuzianischen Gedankens, daß Verkündungen und Anordnungen zum Regieren nicht ausreichen, sondern daß die Führerschaft das Verhalten selbst verkörpern muß, das sie von ihren Leuten erwartet.

✦ ✦ ✦

Achtung, Großzügigkeit und Gerechtigkeit

Konfuzius sagte: »Sei ehrerbietig in deinem Verhalten, sei respektvoll im Dienst von Arbeitgebern, sei großzügig bei der Betreuung von Menschen und sei gerecht, wenn du andere beschäftigst.«

Die Kommunisten lehnten den Konfuzianismus als eine Ideologie der Oberschicht ab. Die Massen hätten das Glück haben sollen, von Menschen regiert zu werden, die wirklich an die Prinzipien des Konfuzius, so wie wir sie hier haben, glaubten. Konfuzius richtete viele seiner Äußerungen an die herrschende Klasse, da ihre Macht ein kultiviertes und gewissenhaftes Verhalten erforderte, statt sich gehenzulassen und habgierig zu sein. Viele Äußerungen zielen aber auch darauf ab, den Menschen zu helfen, ihr Bestes zu geben, an welcher Stelle oder in welchem Lebensbereich sie sich auch immer befinden mögen; und dieser Weitblick in seiner Sorge und in seinem Mitgefühl war in der Tat eines der Zeichen der Führerschaft in Konfuzius selbst.

✦ ✦ ✦

Heim, Arbeit und Gesellschaft

Konfuzius sagte: »Sei respektvoll in deinem Haus, ernsthaft bei der Arbeit und treu in menschlichen Beziehungen.«

Noch Fragen?

✦ ✦ ✦

Gerechtigkeit und Profit

Konfuzius sagte: »Höhere Menschen verstehen Gerechtigkeit, kleine Menschen verstehen Profit.«

Die frühere klassische chinesische Literatur spricht von gerechtem Profit oder der Harmonisierung von Gerechtigkeit und Profit: »Gerechtigkeit ist die Wurzel des Profits.« Zu Konfuzius' Zeit hatte die Entfremdung zwischen Gerechtigkeit und Profit bereits das Stadium erreicht, das durch diese Aussage veranschaulicht wird. Der alte Gedanke wurde wiederhergestellt (und erweitert), als die Schriftzeichen für »Gerechtigkeit« und »Profit« zusammengezogen wurden und nun »anständiger Gewinn« bedeuteten, bezogen auf die nützlichen Auswirkungen angemessener Handlungen und Verhaltensweisen.

✦ ✦ ✦

Quellen

The Essential Confucius, übersetzt und vorgestellt von Thomas Cleary, San Francisco, Harper San Francisco, 1992.
Eine neue Sammlung der Sprüche von Konfuzius, zusammengestellt nach den Themen der Aphorismen zum *I Ging*.

I Ching – The Tao of Organization, übersetzt von Thomas Cleary, Boston, Shambhala Publications 1988.
Ein elementares Lehrbuch des Neukonfuzianismus, geschrieben von Cheng Yi, einem der Gründer und größten Meister der neokonfuzianischen Bewegung.

Worldly Wisdom – Confucian Teachings of the Ming Dynasty, übersetzt und herausgegeben von J. C. Cleary, Boston, Shambhala Publications 1991.
Eine Sammlung der Sprüche späterer neukonfuzianischer Anwender.

Zen Lessons – The Art of Leadership, übersetzt von Thomas Cleary, Boston, Shambhala Publications 1988.
Ein klassisches Kompendium dessen, was man Zen-Konfuzianismus nennen könnte; Schriften, die sich parallel auf die soziale und spirituelle Entwicklung beziehen.

Taoismus

Begierde und Wahrnehmung

Laotse sagte: »Wann immer du gelassen bist, kannst du dadurch sehen, was verborgen ist. Wann immer du Begierden hast, kannst du wahrnehmen, was du suchst.«

Halbmystiker verstehen Losgelöstheit als einen Ruheort; Taoisten nutzen sie als eine Art des Sehens. Halbmystiker betrachten Begierde als etwas, das es zu verhindern gilt; Taoisten nutzen sie als eine Art des Sehens. Beide Arten zu sehen sind notwendige Bestandteile der Arbeit des gesamten Geistes. Es ist nicht möglich, objektives Verständnis zu erlangen, ohne Subjektivität zu verstehen; und es ist nicht möglich, Subjektivität ohne objektives Verständnis wahrheitsgemäß zu beurteilen.

✦ ✦ ✦

Die Scheuklappen der Konvention

Laotse sagte: »Wenn jeder weiß, daß das Gute gut ist, so ist das nicht gut.«

Dies ist deshalb nicht gut, da in der Praxis »jeder weiß« tatsächlich bedeutet »jeder denkt«. Wenn es keinen Raum gibt für eine andere Meinung und der Geist der Gesellschaft einem bestimmten Thema gegenüber verschlossen ist, dann hat er sich selbst ausgeschlossen von jeglichem weiteren Verständnis oder der Fähigkeit, schnell und effizient mit Veränderungen und neuen Realitäten umzugehen. Dies ist in der Tat das, was in China geschah, als die offizielle Ideologie durch massiven institutionellen Nachdruck unterstützt wurde; und dies ist der Grund dafür, daß der Taoismus oftmals außerhalb konventioneller Kanäle arbeiten oder neue Ausdrucksmöglichkeiten ersinnen mußte, die noch frei waren von den Ketten des »Jeder weiß«-Konservatismus.

✦ ✦ ✦

Anhaltender Erfolg

Laotse sagte: »Alle Wesen arbeiten. Wenn sie nicht besitzergreifend oder anmaßend sind in ihrer Art zu leben und nicht bei ihren Erfolgen verweilen, so sichert das anhaltenden Erfolg.«

Die Früchte des Erfolges zu verschwenden ist eine Art von Mißerfolg. Persönlicher Reichtum wird durch Gier verschwendet; sozialer Reichtum wird durch Arroganz verschwendet.

✦ ✦ ✦

Angeber

Laotse sagte: »Angeber gelangen immer wieder schnell ans Ende ihrer Weisheit. Es ist besser, im Mittelpunkt zu bleiben.«

Wir alle kennen Menschen, deren Münder schneller zu arbeiten scheinen als ihr Geist. Laotse sagt auch, daß Vertrauen verlorengeht, indem zu viel Glaube in Worte gelegt wird. Andere Aspekte effizienten Handelns können ebenso verlorengehen, wenn das Reden selbst in den Mittelpunkt gestellt wird.

✦ ✦ ✦

Überleben und Erfüllung

Laotse sagte: »Die Weisen sind die Ersten, indem sie sich zurückstellen, sie überleben, indem sie nicht auf sich achten. Durch ihre Selbstlosigkeit gelingt es ihnen, sich zu erfüllen.«

Laotses Rezept für Unverletzbarkeit liegt in der Vermeidung von Streit: »Nur weil ich mit niemandem streite, kann niemand mit mir streiten.« Weit davon entfernt, passiv und wirkungslos zu sein, wie aggressive Menschen manchmal zu glauben geneigt sind, ist das taoistische Nicht-Streiten eine enorm machtvolle und effiziente Art, mit der Welt umzugehen. Wie Laotse auch sagt – die Flexiblen sind stark, die Unbiegsamen zerbrechen.

✦ ✦ ✦

Formen der Güte

Laotse sagte: »Güte in den Worten bedeutet, glaubwürdig zu sein. Güte in der Regierung bedeutet, ordentlich zu sein. Güte in der Arbeit bedeutet, fähig zu sein. Güte in der Handlung bedeutet, rechtzeitig zu sein. Und doch können Extreme nur vermieden werden, indem man nicht streitsüchtig ist.«

Unter den bekanntesten Klischees des sogenannten philosophischen Taoismus befindet sich jenes, das besagt, er lehne die konfuzianistische Moral ab und predige ständige Loslösung oder Rückzug von den Angelegenheiten der Welt. Laotses Sprüche über die Güte räumen dieses Mißverständnis aus, dem viele westliche Gelehrte seit dem neunzehnten Jahrhundert erlegen sind. Die charakteristische taoistische Prägung der hier ausgedrückten Gedanken liegt in der letzten Aussage über die Vermeidung von Extremen, indem man nicht streitsüchtig ist; so wird die Güte der Güte aufrechterhalten und vor dem Verderben bewahrt.

✦ ✦ ✦

Mäßigung

Laotse sagte: »Es ist besser aufzuhören als mit dem Füllen fortzufahren.«

Dies ist so, weil weiteres Füllen zu Überfließen, Verschwendung und Kummer führt. Wenn Sie dies noch nicht beobachtet haben, lesen Sie ein wenig in der Geschichte nach. Es spielt kaum eine Rolle, welche Nation oder Epoche Sie wählen, denn das Prinzip wird durch die Geschichte der Menschheit hindurch immer wieder deutlich, am deutlichsten vielleicht am Krieg. Hier geht es nicht um die Frage, ob das Prinzip, rechtzeitig aufzuhören, anwendbar ist, sondern wann es umgesetzt wird.

✦ ✦ ✦

Schulden anhäufen

Laotse sagte: »Wenn die reichen oberen Klassen hochmütig sind, klagt ihr Vermächtnis sie an.«

Wenn man also die Probleme der heutigen Zeit verstehen will, sollte man in ihnen die Anklagen früherer Generationen lesen. Laotse empfiehlt, daß wir jedoch mehr tun sollten als dies; wir sollten Arroganz und extremes Verhalten als Teil unseres persönlichen Erbes überwinden, damit wir diesen Druck nicht an unsere Nachkommen weitergeben.

✦ ✦ ✦

Verständnis und Unschuld

Laotse sagte: »Kannst du unschuldig bleiben, während das Verständnis überall hinreicht?«

Es ist wesentlich, beide Aspekte dieses Spruches, Unschuld und Verständnis, zu erfassen. Unschuld, die gleichzusetzen ist mit Dummheit oder Naivität, kann ein unsicherer und gefährlicher Zustand sein, der durch psychische Isolation bedingt ist. Die wahre Herausforderung liegt darin, unschuldig und unbeteiligt zu sein trotz allem, was einem begegnen mag. Nur auf diese Weise kann Wissen sicher über die Begrenzungen der Konvention hinaus erweitert werden.

Es mag zum Beispiel schwierig sein, menschliche Mängel und Fehlschläge zu beobachten, ohne bis zu einem gewissen Grad zynisch zu werden; nur durch Unschuld und inneres Bewußtsein über die sublimen Ursprünge des menschlichen Potentials ist es möglich, die Schwächen unserer Mitmenschen zu verstehen, ohne die innere Festigkeit zu verlieren, die wir zum entschlossenen Handeln brauchen.

✦ ✦ ✦

Gleichgewicht

Laotse sagte: »Beide, Gunst und Ungnade, sind verwirrend.«

Jene, die Gunst erfahren, befürchten, die Gunst könne vergehen, und sie leiden unter dem Neid der Neidischen; jene, die in Ungnade gefallen sind, fürchten, die Ungnade könne niemals bereinigt werden, und sie leiden unter der Schadenfreude der Schadenfreudigen.

Es gibt eine endlose Anzahl von Beispielen und Veranschaulichungen dieses Prinzips, und jeder kann und sollte eine unabhängige Übersicht darüber führen, was mit Menschen geschieht, wenn sie begünstigt oder in Ungnade gefallen sind.

Eine erfolgreiche Karriere kann genauso hart sein für Körper und Geist wie eine erfolglose; denn selbst wenn der Ursprung des Schmerzes in beiden Fällen ein anderer ist, so nähert sich die tatsächliche Natur der Belastung allmählich der Gleichheit für alle.

Einer der Hauptgründe dafür, daß Alkoholismus im allgemeinen in seinen schwersten Formen an den extremen oberen und unteren Enden einer jeden Gesellschaft auftritt, kann genau erklärt werden durch die Beobachtung Laotses, beide, Gunst und Ungnade, seien verwirrend.

Der große japanische Zen-Meister Bunan sagte, daß die Reichen unter ihrem Reichtum leiden, während die Armen unter ihrer Armut leiden. Dies ist eine weitere Widerspiegelung desselben Prinzips. Es erscheint doch merkwürdig, daß es nicht leichter ist für die Reichen, sich von ihrem Reichtum zu befreien, als für die Armen, sich von ihrer Armut zu befreien.

Wenn Ihnen dies wie ein Rätsel erscheint, so erinnern Sie sich doch von Zeit zu Zeit daran. Aus diesem Grunde betrachteten die alten Taoisten ein gerechtes Gleichgewicht in der Gesellschaft in Kategorien von Gesundheit und Hygiene und nicht als abstrakte Moralität; eine Angelegenheit der natürlichen Vernunft und nicht der philosophischen Erklärung.

✦ ✦ ✦

Egoismus

Laotse sagte: »Der Grund dafür, daß wir so viele Unannehmlichkeiten haben, liegt darin, daß jeder von uns ein Selbst hat.«

Die Unannehmlichkeiten, auf die sich Laotse hier bezieht, beinhalten alles, von der Arbeit, die es mit sich bringt, den physischen Körper instand zu halten, bis zu der mühevollen Qual, alles zu bewerten, was immer zu unserem Vor- oder Nachteil geschieht. Seltsamerweise lösen weder Selbstverleugnung noch Selbstabtötung, wie sie gewöhnlich verstanden werden, das Problem, da Selbstverleugnung und Selbstabtötung noch immer im Umkreis von Selbstbezogenheit liegen.

Was westlichen Menschen diesen Aspekt des Taoismus als unklar und fremd erscheinen läßt, ist die jüdisch-christliche Tendenz, moralische Betrachtungen anzustellen über Fragen, die die Taoisten als pragmatische und strategische Angelegenheiten betrachten. Halten Sie manchmal einen Augenblick inne und betrachten Sie Ihr Selbst in seinen verschiedenen inneren und äußeren Gestalten und Rollen, wie wenn Sie andere Menschen beobachteten, die nichts verbergen. Sie können nun selbst herausfinden, ob Sie etwas für Ihr Selbst unternehmen müssen oder nicht.

✦ ✦ ✦

Das meiste für sein Geld bekommen

Laotse sagte: »Indem man keine Fülle wünscht, ist es möglich, die Fülle zu nutzen, ohne von vorne beginnen zu müssen.«

Wenn man etwas in vollen Zügen auskostet, ist es bald aufgebraucht: Körper, Geist, Materie, Maschine – alle brennen im selben Ofen. Mit menschlichen Beziehungen ist es genau gleich: Gibt man einer Beziehung Zeit, wie einem früchtetragenden Baum, der zu seiner natürlichen Reife heranwächst, so kann sie sich weiterhin entfalten, und ihre Entwicklung und Befriedigung mögen währen, solange sie besteht; wird sie hingegen für jedes mögliche Stück Anregung und Befriedigung gezogen, gestoßen und gepreßt, so braucht es keinen Dummen, um dem Schwachsinnigen zu sagen, was bald daraus werden wird.

✦ ✦ ✦

Die höchste Erhabenheit

Laotse sagte: »Unvoreingenommenheit ist die größte Erhabenheit.«

Die Erhabenheit der Unvoreingenommenheit stellt objektive Wahrheit über subjektive Neigungen. Dies ist eine unerläßliche Bedingung wahrer Führerschaft, eine Fähigkeit, deren Ausübung gewöhnlich auch Reaktionen herbeiführt, durch welche die wahren Eigenschaften Untergebener als das erkannt werden können, was sie sind.

Es ist nicht einfach, Unvoreingenommenheit zu erlangen, so anziehend diese Vorstellung auch sein mag. Sie kann einen vielmehr dazu verleiten, Gleichheit mit Gleichförmigkeit oder Nicht-Diskriminieren mit Beliebigkeit gleichzusetzen.

Eine Möglichkeit, objektive Unvoreingenommenheit zu pflegen, ohne falschen Vorstellungen über ihr Wesen zu unterliegen, liegt darin, das Gute an dem, was man nicht mag, und die Fehler an dem, was man mag, zu sehen. Dann legt man beides für einen Moment zur Seite und beobachtet, was man weder mag noch nicht mag und deshalb vielleicht gar nicht wahrnehmen kann.

✦ ✦ ✦

Perspektive

Laotse sagte: »Das Unveränderliche zu kennen gibt eine unvoreingenommene Perspektive.«

Wenn man Dinge in Verbindung mit Gefühlen und Neigungen mißt, die unvermeidlich Wandel und Veränderung unterworfen sind, so hält man jene Messungen, die in einem solchen Kontext gemacht werden, für beständige Eigenschaften dessen, was man gerade bewertet. Wenn man jedoch versteht, wie sich verändernde Gefühle und Neigungen die Wahrnehmung der Dinge beeinflussen, wird man sie in einem größeren Kontext verstehen. Indem wir das Unveränderliche und das Relative erkennen, vermögen wir eine voreingenommene Haltung zu vermeiden.

✦ ✦ ✦

Mißtrauen

Laotse sagte: »Wenn der Glaube unzureichend ist und Mißtrauen besteht, so liegt das daran, daß Worten ein zu großer Wert beigemessen wird.«

Wenn Menschen wissen, daß erhabene Gefühle nachgeahmt werden können und nachgeahmt werden und daß edle Worte verkauft werden können und verkauft werden, dann wissen sie, daß sie woanders nach Versicherung und Wahrhaftigkeit suchen müssen. Noch einmal – wenn Menschen mehr Wert darauf legen, wie Dinge gesagt werden als darauf, was für Dinge gesagt werden, dann steht ihr Urteil auf keiner soliden Grundlage mehr, und ihre Fähigkeit zu glauben ist nicht länger zuverlässig.

✦ ✦ ✦

Innere Arbeit

Laotse sagte: »Sieh das Wesentliche, umarme das Unverdorbene, verringere die Eigensucht, vermindere die Begierde.«

Es ist von unermeßlicher Bedeutung, diese vier Schritte in einer natürlichen Abfolge zu tun. Dies muß betont werden, auch wenn es offensichtlich ist, da der letzte Punkt einer Abfolge zumeist der frischeste ist, da er zuletzt gesehen oder gehört wurde; und in diesem Fall sehen die Menschen »vermindere die Begierde«, beginnen sich zu sorgen und verderben so den ganzen Prozeß.

Zuerst muß man das Wesentliche sehen; dann kann man das Unverdorbene umarmen. Wenn man das Unverdorbene umarmt hat, wird man weniger selbstsüchtig.

Wenn man weniger selbstsüchtig ist, will man nicht mehr haben, als man braucht.

Wenn man versucht, diese Schritte in umgekehrter Reihenfolge zu tun, indem man versucht, weniger zu wollen und sich dazu zwingt, weniger selbstsüchtig zu sein, wird man wahrscheinlich herausfinden, daß der Sinn für das Unverdorbene und die Wahrnehmung des Wesentlichen etwa so unscharf sind wie das Gefühl, wenn man einen juckenden Fuß an der Außenseite des Schuhs kratzt.

✦ ✦ ✦

Ökonomie

Laotse sagte: »Wirtschaftlichkeit bedeutet Gewinn, Ausschweifung bedeutet Verwirrung.«

Gebrauche weniger, und es bleibt mehr übrig. Wenn überdies zu viel Besorgnis besteht, wird die Wahl zugunsten der Zeit getroffen und das Urteilsvermögen gebrochen.

✦ ✦ ✦

Gesellschaft

Laotse sagte: »Sei taktvoll und du bleibst ganz.«

Laotse schlägt weder Unehrlichkeit noch Schmeichelei vor, Methoden, die unehrliche Schmeichler Takt nennen mögen, die jedoch weit hinter dem zurückfallen, was taoistische Denker unter diesem Begriff verstanden. Eine bevorzugte Erinnerung des taoistischen Taktprinzips ist ein Spruch von Chuangtse, der besagt, daß professionelle

Tigerhalter ihre Tiger nicht mit lebenden Tieren und nicht einmal mit ganzen Kadavern füttern, »aus Angst vor der Tötungs- und Zerreißwut«.

✦ ✦ ✦

Vollkommene Menschen

Laotse sagte: »Vollkommene Menschen bleiben bei Tage in Bewegung, ohne ihr geistiges Rüstzeug zu verlassen; obgleich sie nach Wohlstand aussehen, ist ihr Ruheort das Transzendente.«

Bei Tage in Bewegung bleiben bedeutet, nicht stillzustehen im Verlauf des täglichen Lebens; und wenn man dies tut ohne sein geistiges Rüstzeug zu verlassen, so bedeutet das, daß Bewegungen und Handlungen nicht zufällig, nur um der Bewegung und Handlung willen geschehen, sondern immer in Verbindung stehen mit dem, was von wahrer Bedeutung und von wahrem Wert ist.

Die Fähigkeit, diese Verbindung mit wirklicher Bedeutung und wahrem Wert aufrechtzuerhalten, befähigt den Menschen, in der Welt erfolgreich zu arbeiten, doch ist die Quelle dieses Erfolges nicht von weltlicher Art. Dies ist der Grund dafür, daß es nicht ausreicht, die äußere Erscheinung erfolgreicher Menschen nachzuahmen, um selbst erfolgreich zu werden; es ist für jeden Menschen erforderlich, persönlich aus der Quelle des Erfolges zu schöpfen.

✦ ✦ ✦

Erhalten oder verschwenden

Laotse sagte: »Es ist gut, Menschen zu schützen, so daß keiner vernachlässigt wird. Es ist gut, Dinge zu erhalten, so daß nichts verschwendet wird.«

Den Huan-Meistern – frühen Anhängern Laotses, die für kurze Zeit als politische Ratgeber regionaler Könige in China fungierten – bedeutet Gleichheit, daß jeder und jedes einen Platz finden kann in der Gesellschaft, an dem seine besonderen Fähigkeiten sinnvoll eingesetzt werden; das bedeutet nicht, daß jeder genau gleich betrachtet wird. Gleichheit und Gleichförmigkeit sind nicht dasselbe.

Wenn es innerhalb einer Gesellschaft oder Organisation zu wenig wahre Vielfalt gibt, kann das zu einer Polarisierung von Konformisten und Einzelgängern führen, die Anpassung und Nonkonformität auf eine kontraproduktive Ebene bringen. Diese Spannungen wirken sich nicht kreativ, sondern destruktiv aus.

Wenn Menschen, die voneinander verschieden sind, alle danach streben, dasselbe zu tun, dann ist das Ergebnis nicht Gleichheit. Wenn alle danach streben, dasselbe zu tun, so führt das lediglich dazu, daß künstlich alles vernachlässigt wird, was nicht mit der Konvention, die zum gegebenen Zeitpunkt »in« ist, übereinstimmt, daß der unabhängige freie Wille des einzelnen sich in ein verkümmertes Organ verwandelt und die Gesellschaft ihre Fähigkeit verliert, sich den wandelnden Bedürfnissen schnell genug anpassen zu können, um massives menschliches Leiden zu verhindern.

✦ ✦ ✦

Krankheit heilen

Laotse sagte: »Beseitige Extreme, beseitige Extravaganz, beseitige Arroganz.«

Traditionelle taoistische Methoden zur Beseitigung von Extremen, von Extravaganz und von Arroganz sind: nicht zu streiten, aufzuhören, wenn man genug hat, und objektives Verständnis seiner selbst.

✦ ✦ ✦

Wirksamkeit

Laotse sagte: »Die Guten sind wirkungsvoll, das ist alles; sie griffen deswegen nicht nach der Macht. Sie sind wirkungsvoll, doch nicht eingebildet, wirkungsvoll, doch nicht stolz, wirkungsvoll, doch nicht arrogant. Sie sind wirkungsvoll, wenn sie es sein müssen, wirkungsvoll, doch nicht einschränkend.«

Diese schönen Zeilen beschreiben eine genaue Unterscheidung zwischen Wirksamkeit und Aggression. Die Wirkungsvollen können durch ihre Wirksamkeit viele Verbündete gewinnen; die Ehrgeizigen, Eingebildeten, Stolzen und Arroganten können sich viele Feinde schaffen durch ihren Ehrgeiz, ihre Einbildung und ihren Stolz. Dies ist eine Art, den Unterschied zu sehen zwischen wahren Führern und Despoten.

Auf einer Interpretationsebene beschreibt diese Aussage auch eine Methode der Unterscheidung zwischen Wahrheit und Falschheit bei spirituellen Lehren und Lehrern; sie sollten der Notwendigkeit entsprechend wirkungsvoll sein und nicht zu tyrannischen Fängern verlorener Seelen werden.

Sicherheit

Laotse sagte: »Dadurch, daß du weißt, wann du aufhören mußt, bleibst du von Gefahr verschont.«

Nach einem Fehlschlag sind wir versucht, Verluste wettzumachen, einschließlich des Gesichtsverlusts. Nach einem Erfolg sind wir versucht, unsere Grenzen zu vergessen und uns zu übernehmen. Auf welcher Seite Sie auch stehen mögen – wenn Sie wissen, wann Sie aufhören müssen, können Sie die Fallstricke der Zwanghaftigkeit vermeiden und so von ihren Gefahren verschont bleiben.

✦ ✦ ✦

Wissen

Laotse sagte: »Jene, die andere kennen, sind weise; jene, die sich selbst kennen, sind erleuchtet.«

In der *Kunst des Krieges* sagt der Meisterstratege Sunzi, daß man, wenn man sich selbst und andere kennt, niemals in einen Kampf verwickelt wird; wenn man sich selbst kennt, die anderen aber nicht, wird man die eine Hälfte seiner Kämpfe gewinnen und die andere Hälfte seiner Kämpfe verlieren; wenn man weder sich selbst noch andere kennt, wird man in jedem einzelnen Kampf in Gefahr sein.

✦ ✦ ✦

Macht

Laotse sagte: »Jene, die andere überwinden, sind mächtig, jene, die sich selbst überwinden, sind stark.«

Als er das Wort Jihad definierte, das »kämpfen« bedeutet, im allgemeinen jedoch mit »heiliger Krieg« in westlichen Zeitschriften übersetzt wird, sagte der Prophet Mohammed, der Kampf gegen Unterdrücker sei der geringere Jihad, der Kampf gegen die Begierden des Ego jedoch sei der höhere Jihad. Er soll gesagt haben: »Wir kehren vom geringeren Kampf zum höheren zurück.« Dieses Prinzip ist von äußerster Bedeutung für jene, die irgendwann in ihrem Leben Erfolg in der Welt erlangen wollen.

✦ ✦ ✦

Wohlstand

Laotse sagte: »Jene, die zufrieden sind, sind reich.«

Ist es wirklich ein Wunder, wenn Drogenabhängigkeit auf allen Ebenen einer Gesellschaft grassiert, die eine Kultur des Verlangens pflegt?

✦ ✦ ✦

Regieren und Dienen

Laotse sagte: »Bei der Regierung der Menschen und dem Dienst an Gott ist nichts mit Einfachheit zu vergleichen.«

Das Dach der frühen taoistischen Kirche war der Himmel, ihr Boden die Erde, sie wurde gewärmt durch die

Sonne und gekühlt durch den Wind. Und den Aussagen der frühen Taoisten zufolge waren die Größten der alten Regierung so einfach, daß die Menschen kaum von ihnen hörten. Man kann sehen, wie spätere Reformationen in Religion und Politik in der ganzen Welt mit dem Versuch begannen, dieses Prinzip wiederherzustellen, und mit dem Versuch endeten, es zu vergessen.

✦ ✦ ✦

Wandel

Laotse sagte: »Auch das Orthodoxe wird unorthodox, auch das Gute wird krank.«

Ein großer Teil an Zeit und Energie kann verlorengehen, wenn man veraltete Denk- und Handlungsweisen verteidigt, nur weil sie einem vertraut sind und man an sie gebunden ist. Wir mögen damit fortfahren, das, was einst nützlich war, nur deshalb auch weiterhin wertzuschätzen, weil wir uns an ein bestimmtes Wertgefühl gewöhnt haben. Es ist eine der unglücklichsten Perversionen des demokratischen Systems, daß Politiker sentimentale Werte über den Punkt hinaus ausnutzen können, an dem sie keine andere sinnvolle Bedeutung mehr haben als dieses Ausnutzungspotential. Ein wahrlich erfolgreicher Reformer ist nicht jemand, der verbreitete Illusionen mit spektakulären Gesten beschwichtigt, sondern jemand, der den Punkt erkennt, an dem das Richtige falsch und das Gute krank wird, und der es möglich macht, die kontraproduktive Macht der Gewohnheit zu brechen und zu einer progressiven und innovativen Gangart überzuwechseln.

✦ ✦ ✦

Regierung und öffentliche Moral

Laotse sagte: »Die Menschen sind ohne Fehler, wenn die Regierung nicht aufdringlich ist; die Menschen sind nachlässig, wenn die Regierung aufdringlich ist.«

Die alte taoistische Philosophie vertrat, daß ansonsten unschuldige Menschen zur Korruption neigen könnten, wenn sie beständig mit Forderungen belastet würden, deren Erfüllung außerordentlich schwer für sie sei. Auch Konfuzius glaubte, daß Menschen, wenn sie einzig durch Vorschriften und Strafen regiert würden, an einen Punkt kämen, an dem sie keine Gewissensbisse mehr empfänden bei dem Versuch, sie zu umgehen, während sie, würden sie durch vorbildliches Verhalten regiert, ihren Führern gehorchten, ohne herumkommandiert werden zu müssen.

✦ ✦ ✦

Beobachtung

Laotse sagte: »Beobachte dich durch dich selbst, beobachte das Heim durch das Heim, beobachte die Region durch die Region, beobachte die Nation durch die Nation, beobachte die Welt durch die Welt.«

Sich durch sich selbst zu beobachten bedeutet, seine eigenen Fähigkeiten zu kennen und zu wissen, bis zu welchem Grad man sie erfüllt; es bedeutet nicht, sich an einem willkürlichen Maßstab zu messen, der von anderen für andere erstellt worden ist.

Das Heim durch das Heim zu beobachten bedeutet, Familienmitglieder in ihrer Beziehung zueinander und die Familie als Gruppe zu verstehen; auch hier nicht vergleichend mit anderen Familien und ihren Ressourcen, sondern ausgehend von dieser besonderen Familie und ihrem eigenen Potential.

Die Region, die Nation und die Welt durch die Region, die Nation und die Welt zu beobachten folgt dem Modell der Familie und beinhaltet das Verständnis und die Wahrnehmung von Gruppen in einem beständig sich vergrößernden Maßstab. Jede Gruppierung in sich zu beobachten bedeutet zum Beispiel, eine Gesellschaft oder eine Kultur unter dem Blickwinkel zu betrachten, wie sie mit ihren eigenen Ansprüchen und Bedürfnissen umgeht, statt ihre individuellen Elemente oder Mechanismen willkürlich mit isolierten Elementen anderer Gesellschaften oder Kulturen zu vergleichen.

Einer der nützlichsten und schwierigsten Punkte dieser Übung liegt darin, zu verstehen, wie evolutionäre Entwicklung ohne Streit oder Konkurrenz herbeigeführt werden kann.

✦ ✦ ✦

Verbrechen, Katastrophen und Fehler

Laotse sagte: »Es gibt kein größeres Verbrechen als das Gutheißen von Habgier, es gibt keine größere Katastrophe als jene, unzufrieden zu sein, es gibt keinen größeren Fehler als Besitzgier.«

Habgier gutzuheißen ist schlimmer als Habgier an sich, denn dadurch wird der Impuls der Unwürdigkeit, den reife Menschen Habgier gegenüber empfinden, aufgehoben. Da Habgier eine Übertreibung von Begierde ist, die als natürlicher Impuls bei allen lebenden Wesen auftritt, könnte jedermann empfänglich sein für Gedanken von Habgier. Es ist lediglich die Erkenntnis ihrer Unwürdigkeit in der Menschheit, die die Habgier davon abhält, sich in Raubgier zu verwandeln. Unzufriedenheit breitet sich aus, wenn Habgier zu einer anerkannten Lebenshaltung wird. Besitzgier ist ein Versuch, die Unannehmlichkeiten und Unsicherheiten chronischer Unzufriedenheit zu lindern.

Für den modernen westlichen Menschen, der in eine Massengesellschaft geboren wurde, liegt der schwierigste Aspekt beim Verständnis dieser taoistischen Vorstellungen, nicht in der kulturellen Kluft zwischen Ost und West; es ist einfach die Schwierigkeit, diese Prinzipien nicht länger als moralische Gefühlsregungen zu betrachten, sondern zu erkennen, daß sie praktisch anwendbar sind.

✦ ✦ ✦

Zuverlässigkeit

Laotse sagte: »Die Weisen halten ihr Wort und bedrängen andere nicht.«

Wenn man andere bedrängt, ohne seine eigenen Versprechen zu halten, wird dies den eigenen Ruf untergraben; man wird unwirksam als Führer anderer.

✦ ✦ ✦

Das Unüberwindliche und das Starke überwinden

Laotse sagte: »Das Biegsame überwindet das Unüberwindliche, das Nachgiebige überwindet das Starke.«

Starrheit verhindert die erfolgreiche Anpassung an sich wandelnde Umstände; unmäßige Erregung verzehrt sich selbst und erschöpft sich.

Entgegengesetzte Wege

Laotse sagte: »Es ist der Weg des Himmels, Unmäßigkeit zu verringern und das Bedürfnis zu stillen. Der Weg des Menschen ist anders. Er plündert das Bedürftige, um der Unmäßigkeit zu dienen.«

Diese Passage ist eine Veranschaulichung der taoistischen Vorstellungen von guter und schlechter Regierung und Besteuerung.

✦ ✦ ✦

Steifheit und Beweglichkeit

Laotse sagte: »Die Weisen kennen sich, doch sie sehen sich nicht; sie achten auf sich, doch sie erheben sich nicht.«

In diesem Sinne bedeutet sich zu kennen, sich selbst objektiv zu verstehen; sich nicht zu sehen bedeutet, sich selbst nicht in den Mittelpunkt zu stellen. Auf sich zu achten bedeutet, den Forderungen der Existenz nachzukommen; sich nicht zu erheben bedeutet, die Aufrechterhaltung seiner selbst nicht als ein Ziel an sich zu betrachten. Man könnte noch aus den Zen-Lehren hinzufügen, daß die Weisen sich benutzen, doch nicht von sich benutzt werden.

✦ ✦ ✦

Die Krankheit der Mutmaßung

Laotse sagte: »Anzunehmen, daß du etwas weißt, was du nicht weißt, ist krank. Es ist nur möglich, Krankheit zu vermeiden, indem man die Krankheit der Krankheit erkennt.«

In der modernen Zeit ist Kritik so oft zu einem Instrument der Zerstörung verkommen, daß die konstruktive Absicht von wahrer Kritik außer Sicht geraten ist. Schließlich wird die andere Funktion von Kritik, die darin besteht, die Meinungen der Kritiker in der Öffentlichkeit zu objektiven Tatsachen zu erheben, zu einem Ziel an sich.

✦ ✦ ✦

Gegner unterschätzen

Laotse sagte: »Es gibt kein größeres Mißgeschick, als den Gegner zu unterschätzen.«

Man sollte niemals glauben, daß etwas, das man als dumme oder wertlose Vorstellung betrachtet, nicht den Geist einer enormen Anzahl von Menschen beherrschen kann, oder daß weitreichende Macht nicht in die Hände von jemandem geraten kann, den man als dumm oder unwürdig betrachtet.

✦ ✦ ✦

Sieg

Laotse sagte: »Wenn gegnerische Heere aufeinandertreffen, so ist es das mitfühlende Heer, das den Sieg davonträgt.«

Um an den Kern dieser Aussage heranzukommen, sollte man darüber nachdenken, was es bedeutet, zu gewinnen.

Was bedeutet es im allgemeinen und was im einzelnen Fall, wenn es um Gewinnen oder Verlieren geht?

✦ ✦ ✦

Der einfache Weg

Laotse sagte: »Die schwierigsten Dinge müssen erledigt werden, während sie noch einfach sind; die größten Dinge müssen getan werden, während sie noch unbedeutend sind.«

Jene, die zu groß sind für kleine Dinge, werden schließlich feststellen, daß sie zu klein sind für große Dinge. Jene, die dramatische Erfolge erreichen wollen, können deshalb scheitern, weil sie nicht vollenden, was unauffällig, doch notwendig ist.

✦ ✦ ✦

Oberflächlichkeit

Laotse sagte: »Wenn du zu leicht zustimmst, wird dir wenig Vertrauen entgegengebracht.«

Versuche, jeden zufriedenzustellen, und Du wirst niemanden zufriedenstellen. Versuche, allen alles zu sein, und Du wirst niemandem etwas sein. Schätze sind ihres Wertes wegen verborgen.

✦ ✦ ✦

Quellen

Huanchu Daoren: *Back to Beginnings,* übersetzt von Thomas Cleary, Boston, Shambhala Publications 1990.

Leicht verständliche Reflexionen für Laien. Dieses Werk verbindet die Hauptströmungen des ursprünglichen Taoismus und Konfuzianismus.

The Book of Leadership and Strategy, übersetzt und herausgegeben von Thomas Cleary, Boston, Shambhala Publications 1992.

Eine Auswahl aus dem Huainantse, einem der umfassendsten Werke des frühen Taoismus, das die Entwicklung des Individuums mit der Entwicklung von Familie, Staat und Weltgefüge verbindet.

The Essential Tao, übersetzt und vorgestellt von Thomas Cleary, San Francisco, Harper San Francisco 1992.

Taoistische Übersetzungen des Taoteking und des Chuangtse, zwei ursprünglichen Texten des Taoismus, die das Hauptgebiet der klassischen Konzepte und Praktiken abdecken.

Vitality, Energy, Spirit – A Taoist Sourcebook, übersetzt und herausgegeben von Thomas Cleary, Boston, Shambhala Publications 1991.

Eine umfassende Sammlung taoistischen Materials, das ein breites Spektrum an Entwicklungstendenzen von der ursprünglichen Tradition bis zur Moderne abdeckt.

Wen-tzu, übersetzt von Thomas Cleary, Boston, Shambhala Publications 1992.

Ursprünglich Laotse, dem angesehenen Autor des Taoteking zugeschrieben, ist dies einer der letzten Klassiker der alten taoistischen Tradition, der die Prinzipien und Praktiken der Vorläufer erhellt.

Das Buch der Wandlungen

✦ ✦ ✦

Setze keinen verborgenen Drachen ein.

Mit anderen Worten, man sollte eine Kraft nicht einsetzen, wenn sie verborgen bleiben sollte. Eine Kraft sollte verborgen bleiben, solange sie noch zu unreif und nicht genügend stark ist, um eine Situation konstruktiv zu beeinflussen. Eine Kraft sollte auch dann verborgen bleiben, wenn Zeit und Umstände noch nicht reif sind für positives Handeln.

Es gibt aber auch eine Kraft, die nicht bewußt eingesetzt werden kann und dennoch eine Kraft ist; diese Kraft wird als verdeckter Drache bezeichnet, der zusammengerollt an der Wurzel der Dinge liegt.

Wenn Kraft zu früh gebraucht wird, oder wenn der Versuch unternommen wird, bewußt eine Kraft zu gebrauchen, die nur spontan und ohne selbstsüchtigen Willen hervortreten kann – in jedem Fall ist diese Kraft beeinträchtigt und kann sogar vollständig erlöschen.

✦ ✦ ✦

Kehre um, bevor du zu weit gegangen bist, und du wirst Erfolg haben.

Wenn man von seinem Weg oder von seiner Absicht abgekommen ist, muß man diese Tatsache erkennen. Je schneller man auf seinen Kurs zurückkehrt, desto leichter wird man in seinen Bemühungen Erfolg haben.

Da falsche Handlungen falschen Gedanken entspringen, ist es entscheidend, daß man den eigenen geistigen Zustand als die Grundlage seiner Handlungen beobachtet. Dann ist es sehr viel einfacher »umzukehren, bevor man zu weit gegangen ist«. Eine Zen-Weisheit sagt: »Ist das Denken krank, wird aufhören zu denken zum Heilmittel.«

Es ist gut, empfindsam zu sein, solange du auf die richtige Weise empfindsam bist; du wirst Erfolg haben, wenn deine Absichten und deine Taten aufrichtig sind.

Empfindsamkeit kann Verletzbarkeit bedeuten. Dann ist es wichtig, sich der Natur und Qualität der Einflüsse bewußt zu sein, denen man sich aussetzt oder denen man sich erlaubt, ausgesetzt zu sein.

Empfindsamkeit bedeutet auch die Fähigkeit, seine Energie einer Antriebs- oder Motivationsquelle zur Verfügung zu stellen. Auch hierbei ist es unumgänglich, den inneren und äußeren Charakter der Kräfte zu betrachten, denen man sich zur Verfügung stellt.

Durch die eigene Absicht wird man auf bestimmte Einflüsse oder Kräfte eingestellt, die die eigene Handlung beeinflussen. Aufrichtigkeit oder Korrektheit werden geprüft durch die objektive Wirkung, nicht durch die subjektive Definition.

✦ ✦ ✦

Wenn du Erfolg hast, sei bescheiden und stelle das Erreichte nicht auffällig zur Schau. Während du dein Ziel verfolgst, solltest du dich nicht an die Mittel klammern, die du anwendest, um das ersehnte Ziel zu erreichen. Es sollte dir bewußt sein, daß Bescheidenheit und Unbeschwertheit von kleinlichen Menschen kritisiert werden.

Es gibt eine Zen-Weisheit, die sagt: »Die Errungenschaften des Krieges werden durch die Feiern zerstört.« Das heißt, daß Selbstüberschätzung und -zufriedenheit sich leicht in den dunklen Inhalt einer silbernen Wolke verwandeln können.

Suchtverhalten und wilde Stimmungsumschwünge

sind ein spezieller Ausdruck von Beeinflußbarkeit durch äußere Einflüsse. Diese Abhängigkeit wird verstärkt durch freudige Erregung beim unbescheidenen Schwelgen in etwas, das als angenehme Erfahrung empfunden wird. Durch Entzug des Stimulus oder Beeinträchtigung seiner Wirkung folgt die Depression.

✦ ✦ ✦

Du bist beunruhigt, wenn es einen Aufruhr gibt, doch ist die Wirkung gut, wenn du dies als eine Anregung benutzt, um Verbesserung herbeizuführen.

Da die Dinge nicht ewig gleichbleiben können und sich schließlich wandeln müssen, ist es wichtig, unsere Reaktion auf Veränderung zu verstehen. Wenn unser Sicherheitsgefühl vollkommen auf dem gegenwärtigen Zustand, auf einer bestimmten Sachlage außerhalb unserer selbst beruht, können wir Verwirrung kaum vermeiden, wenn Veränderungen eintreten. Wenn wir diese Reaktion verstehen, haben wir die Möglichkeit, eine flexiblere und anpassungsfähigere Beziehung zur Welt im ganzen zu entwickeln und unser inneres Vertrauen in die Kraft und den Erfindungsreichtum des Lebenswillens zu stärken.

Statt uns unempfindlich zu machen, indem wir versuchen, unsere Empfindsamkeit gegenüber Schocks einzuschränken, können wir unsere Sensibilität vertiefen, um uns von Veränderungen inspirieren zu lassen. Auf diese Weise vermögen sich Menschen und Institutionen weiterzuentwickeln, ohne daß es zu unerträglichen Spannungen kommen muß, weil die Anzeichen für eine notwendige Veränderung nicht erkannt wurden.

Was man auch tun mag, welcher Arbeit die eigenen Bemühungen gelten mögen, es wird immer Zeiten geben, in denen man nicht erreichen kann, was man wünscht. Dies mag verwirren, doch es wird nicht behindernd sein, solange man diese Verwirrung als Katalysator benutzt für mehr Selbstverständnis und Anpassungsfähigkeit.

In jeder Beziehung, zum Beispiel, treten im Laufe der Zeit Störungen und Veränderungen ein. Wie bei einem fiebernden Körper weist dies nicht einfach nur auf einen Fehler oder eine Funktionsstörung im System hin; es weist auch darauf hin, daß das System arbeitet, um sich Krisen anzupassen.

✦ ✦ ✦

Sei aufrichtig und wahrhaftig, beständig und beherrscht.

Wenn man auf der Basis von Kraft beginnt, ist die Ausrichtung der Kraft überaus wichtig. Es ist das beste, sich selbst zu meistern und nicht impulsiv zu sein bei der Anwendung der Kraft.

✦ ✦ ✦

Es bedeutet Unglück, nicht zu sehen, was man schon hat und nach etwas anderem zu suchen.

Eine Zen-Weisheit sagt: »Während du den Mond am Himmel anstarrst, verlierst du die Perle in deinen Händen.« Die Menschen mögen ihre eigenen Stärken und Fähigkeiten übersehen in einem Stadium, in dem diese Begabungen noch zart und unentwickelt sind. Und doch ist es dieser Zustand der Tagträumerei, der genau betrachtet werden muß, falls das volle Potential des Menschen jemals ins Spiel gebracht werden soll. Sofern es nicht zu einem Erwachen von innen her kommt, kann nichts, das von außen hinzutritt, den Menschen vervollständigen.

So sagt die oft vergessene zweite Hälfte des berühmten biblischen Spruches: »Du bist das Salz der Erde; wenn das Salz seinen Geschmack verliert, was kann es dann salzen?«

✦ ✦ ✦

Es ist gut, für den Fortschritt zusammenzuarbeiten.

Eine kollektive Anstrengung ist besonders wichtig, wenn die individuelle Kraft gering ist. Innerlich bedeutet Zusammenarbeit, seine inneren Ressourcen auf eine konzentrierte und gerichtete Weise zu benutzen; äußerlich bedeutet Zusammenarbeit, daß Menschen kooperieren, um eine Unternehmung auszuführen oder ein Ziel zu erreichen. Wenn innere und äußere Kooperation und Koordination zusammengehen, wird die Leistung auf beiden Ebenen, der individuellen wie der kollektiven, optimal sein.

✦ ✦ ✦

Es ist gut, beharrlich zu sein in der Hingabe.

Außer in ungewöhnlichen Fällen von Gnade oder Inspiration kann meistens im menschlichen Leben nichts Bedeutendes erreicht werden ohne beständige Hingabe an seine Vollendung. Wenn Menschen gewissenhaft und konsequent über eine längere Zeitspanne an einem Ziel arbeiten, bleibt ihnen der Erfolg nur selten versagt; und der gesamte Prozeß beeinflußt die Entwicklung des menschlichen Charakters selbst.

✦ ✦ ✦

Du kannst Fehler vermeiden, indem du weißt, wann es nicht zu handeln gilt.

Fortschritt und Erfolg hängen nicht nur davon ab, die rechte Sache zur rechten Zeit zu tun. Es ist nicht nur von Bedeutung zu handeln, wenn es erforderlich ist; es ist auch von Bedeutung nicht zu handeln, wenn Handlung zwecklos oder sogar kontraindiziert ist. Es ist das Beste, seine eigenen Kräfte nicht zwanghaft zu nutzen, solange sie noch unreif oder nicht gesammelt sind.

✦ ✦ ✦

Wenn Menschen, die weniger fähig sind als du selbst, in Bedrängnis sind, dann ist es tadelnswert, wenn du das, was du gerade tust, nicht liegen läßt, um ihnen zu helfen; doch ist es unumgänglich, geeignete Maßnahmen festzulegen und Unmäßigkeit zu vermeiden.

Was immer man gerade tut, mag einem im Moment als das Wichtigste erscheinen, doch in einem größeren Umfeld kann es sein, daß es wichtiger ist, anderen zu helfen, die nicht in der Lage sind, sich selbst zu helfen. Da die Menschen zu Hause und in der Gesellschaft voneinander abhängen, ist es von Bedeutung, das Gleichgewicht zu beachten zwischen Selbsthilfe und Hilfe für andere; es ist nötig, sich um seine eigenen Verantwortlichkeiten zu kümmern, und es ist auch wesentlich, sein Möglichstes zu tun, sich um die Interessen der anderen zu kümmern. Wenn das eine zu weit geht, wird es zu Selbstsucht und Egozentrik; wenn das andere zu weit geht, wird es zu Einmischung.

✦ ✦ ✦

Wenn zwei Menschen ähnliche Qualitäten haben, die aber nicht im gleichen Maße entwickelt sind, dann ist es möglich, wenn sie als ebenbürtig zusammenarbeiten, das Niveau des weniger entwickelten Partners anzuheben.

Eine Zen-Weisheit sagt: »Wasser kann nicht waagerecht fließen.« Wenn man Menschen nur unter dem Aspekt ihrer Ähnlichkeit betrachtet, kann man ihre Unterschiede nicht vollständig würdigen und von ihnen lernen; wenn man die Menschen aber nur unter dem Aspekt ihrer Unterschiede betrachtet, kann man keinen vollständigen Gebrauch machen von den Gefühlen der Sympathie und Gemeinschaft, die Menschen zueinander hinziehen und die die Interaktion ihrer verschiedenen Qualitäten als konstruktive Kraft in ihrer gegenseitigen Entwicklung ausmachen.

✦ ✦ ✦

Wenn du dein Ziel ohne Fehler erreichen willst, mußt du auf den Beginn achten.

Laotse sagt: »Die Reise von zehntausend Meilen beginnt mit dem ersten Schritt.« Hier geht es nicht nur darum, die Energie und Entschlossenheit für den ersten Schritt zu haben; es ist auch entscheidend zu beachten, wie, wann und wo man den ersten Schritt tut.

✦ ✦ ✦

Arbeite zuerst an dir; übernimm die Verantwortung für deinen eigenen Fortschritt.

Zu Beginn einer Unternehmung, wenn ein Potential vorhanden ist, aber keine belebende Kraft, kann es sein, daß man nicht mehr tun kann, als seine eigenen Ressourcen zu ordnen und zu versuchen, die Fähigkeiten und Eigenschaften, die man für den Weg braucht, zu entwickeln. Ohne Netzwerk zu seiner Unterstützung wird man sich in diesem Stadium selbst führen und seine eigene Arbeit aus eigener Kraft tun müssen. Wenn man sich auf andere verläßt, bevor man seine eigene Kraft gefestigt und seine eigenen Fähigkeiten geweckt hat, kann man eine Tendenz zu Abhängigkeit und Schwäche entwickeln.

✦ ✦ ✦

Wenn sich die Normen verändern, ist es unumgänglich, weise zu wählen. Man kann dies wirkungsvoll tun, indem man mit anderen Menschen kommuniziert.

Verhaltens- und Verfahrensnormen werden zuerst angenommen und dann angepaßt, um den Bedürfnissen der Zeit und Umstände gerecht zu werden. Schließlich werden sie zu Gewohnheiten; dann werden sie als selbstverständlich angesehen. Zuletzt werden sie für Eigentumsinteressen eingesetzt. An diesem Punkt ist der Prozeß der Anpassung an Veränderungen durch konservative Gefühle blockiert, die an den festgelegten Normen festhalten und deren ursprüngliche Bedeutung vergessen.

Da sich die Bedingungen der Umwelt und der Gesellschaft dennoch verändern, müssen sich auch die Normen ändern. Folglich ist es wichtig, ein gutes Urteilsvermögen auszubilden, um neue Normen anzunehmen, die neuen Umständen gerecht werden.

✦ ✦ ✦

Wenn Schwierigkeiten sofort ein Ende bereitet wird, so ist daran nichts falsch.

Es ist unrealistisch zu glauben, daß etwas genau so läuft, wie man es sich wünscht, und es ist ebenso unrealistisch zu glauben, man würde bei seinen Unternehmungen nicht auf Probleme stoßen. Es kann oft passieren, daß zuviel Zeit darauf verwendet wird, einen Schuldigen zu suchen, wenn die Dinge unerwartet schieflaufen. In einem solchen Fall ist es wichtig, dem Problem selbst so schnell wie möglich ein Ende zu bereiten. Wenn es sofort beendet wird, ist das Problem kein Problem mehr; doch ist die Reaktion eher emotional als praktisch, werden fortgesetzte Gegenanklagen die Schwierigkeiten nur vergrößern.

✦ ✦ ✦

Es kann vorteilhaft sein, eine große Arbeit zu unternehmen, doch kannst du Tadel nur verhindern, wenn alles gut ausgeht.

Wenn man über persönliche Kräfte und Fähigkeiten verfügt, jedoch nicht über Rang oder Autorität, kann man etwas tun wollen, das zwar im Einklang steht mit der eigenen Fähigkeit, für das man aber keine äußere Unterstützung, Ermutigung oder Bevollmächtigung hat. In einem solchen Fall kann man wohl etwas Großes versuchen, sollte sich aber darüber im klaren sein, daß man aufgrund fehlender organisierter Unterstützung kritisiert werden wird, sofern man nicht ungewöhnlich erfolgreich ist.

✦ ✦ ✦

Es ist ungünstig, aufgrund von Macht ungestüm zu handeln.

Je größer die persönliche Macht, desto größer die Verpflichtung und Verantwortung sich selbst und anderen gegenüber, die Selbstbeherrschung zu behalten und die inneren Eigenschaften zu stärken, die der Macht Richtung und Bedeutung geben.

✦ ✦ ✦

Wenn die Zeit noch nicht reif ist zu handeln und du am Rande einer Situation wartest, wirst du nicht vom Weg abkommen, wenn du beharrlich bleibst und es vermeidest, dem Impuls nachzugeben.

Zeitplanung ist ein wesentlicher Bestandteil des Erfolgs, und der erfolgreiche Mensch ist jemand, der weiß, wie man wartet, bevor die rechte Zeit zum Handeln gekommen ist. Wenn deine Handlungen von einer Situation bestimmt werden, mit der du noch nicht umgehen kannst, dann wirst du leicht vom Weg abkommen.

✦ ✦ ✦

Wenn Gefahr besteht, ist es das Beste, Abstand zu nehmen.

Erfolg hängt davon ab, zur rechten Zeit zu handeln und zur rechten Zeit Abstand zu nehmen. Wenn es sich früh zeigt, daß ein eingeschlagener Weg in die Gefahr führt, ist es besser, sofort Abstand zu nehmen, als fortzufahren in der vagen Hoffnung, es werde schon gutgehen.

✦ ✦ ✦

Freude im Einklang mit anderen ist günstig.

Wenn man sich amüsiert, während andere um einen her in Bedrängnis sind, oder man Vergnügen an etwas findet, das anderen mißfällt, wird die Freude wahrscheinlich nicht lange anhalten. Freude im Einklang mit anderen bedeutet, daß weder Selbstsucht noch Neid, noch Groll die Freude beeinträchtigen. Konfuzius sagte: »Was du selbst nicht magst, das gib nicht an andere weiter.«

✦ ✦ ✦

Du solltest nicht über die Vergangenheit nachsinnen. Wenn du das Gefühl hast, dich verloren zu haben, solltest du dennoch keinem falschen Bild folgen: dann kannst du dich spontan erholen. Wenn du schlechte Menschen siehst, sei selbst ohne Tadel.

Bedauern über die Vergangenheit ist sinnlos, sofern es nicht in Wissen für die Zukunft transformiert wird. Wenn man merkt, daß man von seinen Grundsätzen abgewichen ist oder sein wahres Ziel aus den Augen verloren hat, sollte man sich nicht von der Angst dazu drängen lassen, willkürlich nach etwas zu suchen, das diese Leere füllt. Einem falschen Bild zu folgen wird nur zu weiterer Abweichung führen.

✦ ✦ ✦

Es ist gut, vorbereitet zu sein. Durch Ablenkung wird man unruhig.

Jede Unternehmung, jede Absicht, jede Bemühung muß auf einer soliden Grundlage stehen, bevor sie anhaltenden Erfolg haben kann. Die Grundarbeit oder Vorbereitung der Intention besteht aus Selbstprüfung und Selbstverständnis. Welche sind die zugrunde liegenden Motive, worin liegen die unmittelbaren und endgültigen Ziele? Zu wissen, was man tut und warum man es tut, ist ein Teil der Vorarbeiten, um eine Unternehmung durchzuführen, indem man die notwendigen Umweltbedingungen sowie die psychologischen und physischen Bedingungen für den Erfolg ordnet und koordiniert.

✦ ✦ ✦

Sei gesammelt und harmonisch.

Gesammelt sein bedeutet, nicht zu Extremen zu neigen und nicht das Gleichgewicht zu verlieren durch die Dominanz einer Eigenschaft über andere Eigenschaften. Auf diese Weise ist es möglich, innere Harmonie mit dem Selbst zu erreichen, wie auch äußere Harmonie mit der ganzen Welt. Innere Harmonie bedeutet, daß die eigenen Fähigkeiten zusammenarbeiten; äußere Harmonie bedeutet, daß Menschen zusammenarbeiten. Beide sind wesentliche Bestandteile des Erfolgs.

✦ ✦ ✦

Wenn du verwirrt bist, sei vorsichtig, und du kannst Fehler vermeiden.

Manchmal sind Situationen zu verworren, um im gegebenen Moment irgendeinen positiven Fortschritt zu gestatten; unter solchen Umständen ist das meiste, auf das man hoffen kann, Fehler zu vermeiden. Es ist das beste, solche Bedingungen als das zu erkennen, was sie sind und seine Aufmerksamkeit auf die Verhinderung von Unglück zu richten, statt blindlings vorwärtszudrängen.

✦ ✦ ✦

Es gibt kein Bedauern, wenn du das Heim hütest.

Das Heim ist die Basis, im metaphorischen wie auch im wörtlichen Sinne. Äußere Bedingungen können unvorhersehbar und unzuverlässig sein, folglich hütet man besser das Heim, hält seine inneren Ressourcen intakt und hat nichts zu bedauern, selbst wenn die Dinge nicht so laufen, wie man es gerne hätte.

Selbst inmitten einer chaotischen Gesellschaft kann ein stabiles Heim die Gesundheit und das Wohlergehen der Menschen einer Familie schützen. Gleichermaßen kann Selbstbeherrschung die Integrität und Lebensfähigkeit des einzelnen Menschen inmitten von unsicheren Bedingungen schützen.

✦ ✦ ✦

Du wirst Glück haben, wenn du ohne Fehler fortschreitest.

Glück ist nicht etwas, auf das der Erfolgreiche passiv wartet. Der erfolgreiche Mensch ist jemand, der das Glück durch bedeutungsvolle, gut gerichtete Bemühungen heranwinkt. Wenn Unternehmungen genau die Bedürfnisse und Ansprüche der Zeit und Umstände reflektieren, ist Glück nichts geheimnisvolles, sondern einfach ein Ausdruck der natürlichen Ordnung der Dinge.

✦ ✦ ✦

Impulsive Handlungen, die zu Mißerfolg führen, sind falsch.

Erfolgreiche Bestrebungen sind das Ergebnis strategischer Planung, ausreichender Vorbereitung und angemessener Zeitplanung. Ein Pfeil, der gelöst wird, bevor der Bogen vollständig gespannt ist, wird sein Ziel wahrscheinlich nicht erreichen; ein Pfeil, der gelöst wird, bevor man sich des Ziels vergewissert hat, wird sicherlich weit neben die Markierung fliegen. Wenn die Dinge schieflaufen, ist es leicht, anderen Menschen oder äußeren Bedingungen die Schuld daran zu geben; doch wenn der Mißerfolg durch die eigene Impulsivität verschuldet wurde, liegt die Verantwortung allein bei einem selbst.

✦ ✦ ✦

Du wirst ohne Fehler sein, wenn du es vermeidest, dich mit dem Schädlichen zu vereinigen. Du wirst ohne Tadel sein, wenn du die Gefahr erkennst und gegen sie ankämpfst.

Es ist naiv, den Einfluß der äußeren Welt auf unseren Charakter und unsere Lebensart zu unterschätzen. Unfehlbar zu werden ist nicht nur eine Angelegenheit von innerer Veredelung; unfehlbar zu werden erfordert ein gutes Urteilsvermögen in Hinblick auf das Umfeld, in dem zu leben und zu arbeiten man wählt. Es ist wichtig, wachsam zu sein und erkennen zu lernen, was schädlich ist, um in der Lage zu sein, intelligente und wirksame Schritte zu unternehmen, um, wenn möglich, den Kontakt mit dem Schädlichen zu vermeiden oder seinen negativen Einflüssen entgegenzuwirken in Fällen, wo es nicht vollständig verhindert werden kann.

✦ ✦ ✦

Du wirst Glück haben, wenn du angemessene Mittel benutzt, um zur Normalität zurückzukehren. Denn was für einen Tadel kann es da noch geben?

Manchmal kann die angestrengte Konzentration auf die täglichen Dinge zu einer verzerrten Wahrnehmung führen. Ohne eine umfassende Perspektive können darum frühe Anzeichen von Erfolg uns von unserem Ziel im Leben wegführen. Es ist günstig, wenn man in der Lage ist, jede Einseitigkeit zu verzeichnen, die sich im Charakter entwickelt und angemessene Maßnahmen zu ergreifen, um wieder ein Gefühl für Ausgleich und Verhältnis herzustellen. Dann kann man ohne Tadel bleiben in Haltung und Verhalten.

✦ ✦ ✦

Es gibt keinen Tadel, wenn du klar handelst.

Vieles in unseren Handlungen wird durch Gekünsteltheit unnatürlich. Wenn übertrieben viel Wert auf Erscheinung gelegt wird auf Kosten von Substanz, verringert sich die Fähigkeit, direkt von unserem inneren Selbst aus zu handeln. Zu viel Beschäftigung mit oberflächlichen Dingen führt zu einer Art von Entfremdung, die es schwierig macht, zu den wahren Problemen durchzudringen und sinnvoll mit zugrunde liegenden Realitäten umzugehen. Der Vorteil der Einfachheit liegt in ihrer Direktheit, die es uns möglich macht, Grundlagen zu finden und uns nicht von unwesentlichen Angelegenheiten verwirren zu lassen.

✦ ✦ ✦

Du wirst ohne Tadel sein, wenn du anderen gegenüber unvoreingenommen bist.

Viele Fehler entspringen subjektiven Neigungen, die Beziehungen, Haltungen und Handlungen beeinflussen. Was wir mögen und was wir nicht mögen kann uns blind machen sowohl gegenüber dem, was an Menschen, die wir nicht mögen, gut ist, als auch gegenüber dem, was an Menschen, die wir mögen, schlecht ist. Wenn wir Menschen nicht gerecht und objektiv behandeln können, verlieren wir den Kontakt mit dem wahren Potential der menschlichen Interaktion; wir enden in Verwirrung durch unser eigenes Versagen, nicht aufgeschlossen zu sein gegenüber den wahren Qualitäten in den Menschen, die uns im Verlauf unseres Lebens und unserer Arbeit begegnen.

✦ ✦ ✦

Wenn es im inneren Kern keinen Fehler gibt, so ist das günstig.

Äußeres Eigentum ist nicht zu vergleichen mit innerer Aufrichtigkeit. Eine äußere Fassade von Korrektheit, die nicht von Wahrheit im Herzen getragen ist, wird sich schließlich als nicht von bleibendem Wert erweisen. Eine Zen-Weisheit sagt: »Unwahrheiten sind schwer aufrechtzuerhalten.«

✦ ✦ ✦

Empfindsamkeit bei der Beaufsichtigung ist gut, vorteilhaft in jeder Hinsicht.

Wer ein Projekt beaufsichtigt, sollte wissen, was es erfordert und auf die Qualität der fortschreitenden Arbeit achten. Wenn die Aufgabe beinhaltet, andere zu beaufsichtigen, ist es auch bedeutsam, den individuellen Fähigkeiten und Fertigkeiten sowie den Persönlichkeiten der Arbeiter gegenüber empfindsam zu sein. Auf diese Weise begünstigt Empfindsamkeit alle Beteiligten und führt zum Erfolg der gegebenen Aufgabe.

✦ ✦ ✦

Du wirst ohne Tadel sein, wenn deine Kommunikation offen ist.

Falsche Kommunikation führt zu Leistungsunfähigkeit und Fehlern. Durch die Verwirrung, die ein Mangel an genauer Kommunikation hervorruft, kann Schuld gegenseitig zugewiesen werden, so daß die wahre Ursache des Problems unentdeckt bleibt. Wenn man offen kommuniziert, kann man die Situation schon zu Beginn klären und dadurch Fehler und Schuldzuweisungen am Ende vermeiden.

✦ ✦ ✦

Ausgewogenheit ist korrekt und bringt Glück.

Extremistische Tendenzen gibt es nicht nur in der Politik; sie sind in jedem Bereich schädlich. Indem man Ausgewogenheit beibehält und Übertreibungen vermeidet, ist es möglich, die Auswirkungen negativer Einflüsse abzuschwächen und fortschrittliches Handeln vor Rückschritt zu schützen.

✦ ✦ ✦

Nur kleine Gewinne können in einer gefährlichen Lage erzielt werden.

Selbst wenn man über das Wissen und die Fähigkeit verfügt, können Umweltbedingungen, seien sie menschlicher oder natürlicher Art, die praktische Fähigkeit, eigene Ziele zu erreichen, begrenzen. Unter solchen Bedingungen ist es besser, sich vorübergehend mit kleinen Gewinnen zu begnügen, statt zukünftige Möglichkeiten durch vorschnelle oder impulsive Unternehmungen zur falschen Zeit zu gefährden.

✦ ✦ ✦

Mitgefühl und Kooperation bringen zukünftigen Erfolg.

Wenn jene, die über größere Fähigkeiten verfügen als andere oder weiterentwickelt sind, nicht mit jenen zusammengehen, die über geringere Fähigkeiten oder Reife verfügen, kann die Gruppe oder Gesellschaft nicht als Ganzes fortschreiten. Durch verständnisvolle Interaktion und den Zusammenschluß von Menschen mit verschiedenen

Qualitäten und Eigenschaften kann die kollektive Entwicklung am wirkungsvollsten stattfinden.

✦ ✦ ✦

Akzeptiere andere mit Toleranz, sei positiv und weitsichtig in deinen Bemühungen, und du kannst unvoreingenommen und ausgeglichen sein in deinen Handlungen.

Umfassender Fortschritt kann in einer Gruppe, einem Unternehmen oder einer Gesellschaft nicht durch eine Elite, die allein handelt, stattfinden, selbst wenn diese Elite wahrlich über höhere Fähigkeiten verfügt. Es ist von grundlegender Bedeutung, die weniger Starken und weniger Talentierten einzuschließen, so daß sich alle durch die Energie zusammengeschlossener Fähigkeiten entwikkeln können.

Dies kann nur funktionieren, wenn Solidarität durch Verständnis und entsprechendes Handeln ausgedrückt wird, durch praktische Unternehmungen, die auf Weitsicht basieren. Wenn man auf diese Weise den Kontext des Verständnisses dessen erweitert, was mit der Zeit getan werden muß, und wie es durch gemeinsame Anstrengung vollendet werden kann, können Ungleichheiten überstiegen und extreme Polarisierungen vermieden werden.

✦ ✦ ✦

Es ist vorteilhaft, zielstrebig und zurückhaltend zu sein.

Um ein Ziel mit Erfolg zu erreichen, ist es hilfreich, seine Aufmerksamkeit zu konzentrieren und sparsam mit seiner Energie umzugehen. Wenn die Aufmerksamkeit auf verschiedene Belange verstreut wird und die Energie auf unwesentliche Angelegenheiten ausgedehnt wird, ist es schwierig, Willenskraft und kreative Lebendigkeit bis zu einem wirkungsvollen Grad zu entwickeln.

✦ ✦ ✦

Du wirst Unglück haben, wenn du zuviel Zurückhaltung übst.

Wer in seinen Anliegen und Vorstellungen zu passiv oder beschränkt ist, wird Gelegenheiten verpassen. Manche Möglichkeiten wird er nicht nutzen, einfach aufgrund seiner eingeschränkten Perspektive oder seines Widerwillens, einen Schritt vorwärtszugehen, um einen Blick auf ungenutztes Potential zu werfen.

✦ ✦ ✦

Wenn Handeln zu Unglück führen würde, ist es von Vorteil, fest und zurückhaltend zu sein und gleichmütig zu bleiben.

Manchmal können Erregung oder Unruhe uns zu Vorgehensweisen verleiten, die die Vernunft als nicht empfehlenswert bezeichnen würde. Es kann sein, daß subjektive Betrachtungen Dingen eine unwiderstehliche Anziehungskraft verleihen, die dem objektiven Beobachter als nicht wünschenswert erscheinen. In solchen Fällen ist es das Beste, beharrlich zu bleiben, dem Impuls nicht nachzugeben und den Kopf nicht zu verlieren, um unglückliche Fehler zu vermeiden.

✦ ✦ ✦

Wenn du isoliert bist, suche Unterstützung, und die Reue wird schwinden.

Als soziale Wesen können Menschen nicht allein vollständig wirksam sein. Wenn uns Isolation und mangelnde Unterstützung im Weg stehen, müssen wir einen Weg finden, uns mit anderen sinnvoll zu verbinden. Als Einzelwesen suchen die Menschen innere Sicherheit in ihren Seelen; dies ist der Grund, weshalb sie nach Wahrheit suchen, und dies ist auch der Grund, weshalb sie manchmal Versicherung statt Wahrheit akzeptieren.

✦ ✦ ✦

Bedrängnis erhöht dich. Es ist vorteilhaft, mit wahrer Aufrichtigkeit zu kommunizieren. Es bringt Unglück, aggressiv zu sein. Wenn du Unglück erleidest, weil du aggressiv warst, kannst du niemandem außer dir selbst die Schuld daran geben.

Es ist leicht, sich an Bedrängnis zu stoßen, doch wenn man der Bedrängnis klar ins Auge sieht, mit der ruhigen Entschlossenheit, sie zu überwinden, dann kann sie eine positive Erfahrung sein, die einem hilft, zu wachsen. Wenn man sich beschwert und von anderen erwartet, daß sie Verantwortung übernehmen für das, was man selbst tun muß, geht man mit der Situation nicht auf wahrhaft ehrliche Weise um. Wenn man auf Bedrängnis rachsüchtig reagiert, wird man noch mehr Ärger anziehen. In diesem Falle mag man anderen die Schuld geben, doch liegt der Fehler tatsächlich bei einem selbst.

✦ ✦ ✦

Wenn die Situation Sanftheit und Beweglichkeit erfordert, wird Unnachgiebigkeit nichts bewirken.

Ein Baum, der sich nicht im Wind biegen kann, wird durch einen Sturm abgebrochen oder entwurzelt. Wenn man stark ist, mag man unbewußt annehmen, man könne alles, was man tun muß, durch Kraft vollenden. Doch der Kraft eines einzelnen sind immer Grenzen gesetzt, und es gibt immer Situationen, die zu delikat sind, um mit Kraft gehandhabt zu werden.

✦ ✦ ✦

Sofern du dich nicht selbst entwickelst, kannst du anderen keine große Hilfe sein.

Gute Absichten können sich als wirkungslos erweisen, wenn man nicht die Mittel hat, sie persönlich durchzusetzen. Das Mitgefühl zwingt uns dazu, unseren Mitmenschen zu helfen, wenn wir sie bedürftig sehen; die Weisheit sagt uns, was wir tun können und tun könnten, was wir in uns selbst benötigen, um in der Lage zu sein, anderen wirklich helfen zu können.

✦ ✦ ✦

Wenn du stark bist, wirst du nichts Bedauerliches tun, solange du beweglich und ausgeglichen bleibst.

Macht und Energie jeglicher Art können den Unvorsichtigen einschläfern und vergiften, wenn er diese Macht genießt. Dieses Schwelgen kann zu einer blinden und aggressiven Suche nach mehr Macht führen, ohne Rücksicht auf die Rechte und Gefühle anderer. Je größer die

Macht, desto größer die Notwendigkeit, sie durch Harmonie und Ausgeglichenheit zu mäßigen.

✦ ✦ ✦

Redlichkeit ist günstig.

Wenn man Macht handhabt, ist es wichtig zu vermeiden, derart in ihren Bann geschlagen zu werden, daß man anfängt zu glauben, man könne alles tun, was man will, ohne irgendwelche negativen Konsequenzen erleiden zu müssen. Je mehr Macht einem zur Verfügung steht, desto entscheidender wird die Frage, wie man sie einsetzt. Macht ohne Kontrolle weicht dem wahren Sachverhalt aus und erzeugt ihren eigenen blinden Impuls. Nur wenn Macht durch Selbstbeherrschung ausgeglichen wird, kann sie richtig gelenkt werden; Macht ist dann der Diener und nicht der Herr.

✦ ✦ ✦

Wenn du am Rande einer Situation stehst, werden die Menschen ein wenig reden; doch wenn du gesammelt und gelassen bleibst, wird es am Ende gut ausgehen.

Wenn Probleme entstehen, können Menschen, die stark und energisch sind, sie vorschnell ansprechen aus der Ungeduld heraus, schnelle Lösungen bewirken zu wollen. Unmittelbares Handeln mag jedoch kontraindiziert sein, wenn durch die Verwicklung in eine schwierige Situation Kraft und Energie beeinträchtigt würden, bevor irgend etwas Positives wirksam vollendet werden kann.

Wenn man eine Zeitlang an der Peripherie einer solchen Situation verbleibt und den rechten Zeitpunkt zu handeln abwartet, wird es anderen so erscheinen, als täte man nichts, und sie werden geneigt sein, einen wegen Nachlässigkeit oder Schüchternheit zu kritisieren. Alles wird jedoch am Ende gut sein, wenn man sein Gleichgewicht behält, ruhig und objektiv bleibt und sich von solchen Schwierigkeiten nicht zu vorzeitigem Handeln zwingen läßt.

✦ ✦ ✦

Kraft sollte nicht impulsiv gebraucht werden.

Persönliche Kraft, die ausgeglichen und beherrscht ist, muß sich nicht in zwanghaftem Verhalten Bahn brechen. Flexibel und ohne harte Aggressivität gebraucht, ist Kraft anpassungsfähig und deshalb fähig, sich in Harmonie zu bringen mit den Bedürfnissen der Zeit, statt sich durch den eigenen Impuls treiben zu lassen.

✦ ✦ ✦

Die Freude der Wahrhaftigkeit ist günstig; sie läßt Bedauern schwinden.

Andere zufriedenzustellen als bloßer Trick, um persönliche Ziele zu erreichen, ist ein gefährliches Spiel, das die eigene Sicherheit von Täuschung abhängig macht. Die beständige Anstrengung, die Täuschung aufrechtzuerhalten, zieht kreative Energie ab und beraubt dem Willen die Freiheit. Und umgekehrt, daran Gefallen zu finden, der Empfänger falscher Schmeicheleien zu sein, untergräbt das Bewußtsein und macht den Menschen abhängig von unrealistischen Vorstellungen des Selbst.

✦ ✦ ✦

Du kannst unfehlbar sein, wenn du die Wahrheit in allen Situationen siehst.

Wenn persönliche Voreingenommenheiten und emotionale Wertungen die Wahrnehmung färben, kann dies zu einer unrealistischen Reaktion führen, die nicht mehr in Harmonie ist mit den wahren Notwendigkeiten, so daß sie unwirksam oder kontraproduktiv wird. Wenn das erste Anliegen darin besteht, die Wahrheit einer Situation, wie auch immer sie sein mag, zu sehen, wird es möglich, Probleme oder Notwendigkeiten auf eine Weise anzusprechen, die direkt ist und die Dinge auf den Punkt bringt, statt sie zu verzerren durch subjektive Erwartungen oder Wunschdenken.

✦ ✦ ✦

Selbst wenn dir keine Anerkennung zuteil wird, arbeite weiterhin aufrichtig, und dein Herzenswunsch wird zu dir kommen. Wenn du erfüllt bist, teile spontan mit anderen.

Lasse dich nicht entmutigen, wenn andere das, was du tust, nicht verstehen oder anerkennen, solange du dein Ziel klar vor Augen siehst. Wer in ehrlicher Bemühung fortfährt, wird sicherlich belohnt. Wer die Ursache erkennt, muß sich nicht um die Wirkung sorgen. Wer schließlich sein Ziel erreicht, wird das Ergebnis der eigenen Bemühungen auf natürliche Weise den Kollegen und anderen Menschen mitteilen.

✦ ✦ ✦

Ein altes und geschwächtes Unternehmen profitiert von neuem Leben.

Wenn ein Unternehmen Energie und Inspiration verloren hat, kann es sein, daß es unmöglich ist, es von innen heraus vollständig zu regenerieren. In diesem Fall profitiert es von der Aufnahme neuer Impulse in Form von frischen Ideen und neuem Personal, um die Arbeit wiederzubeleben.

✦ ✦ ✦

Wenn du innerlich sicher bist, können die Menschen, selbst wenn sie eifersüchtig sind, dich glücklicherweise nicht berühren.

Wenn man in sich unsicher ist, schaut man vielleicht nach Führung und Unterstützung. Das mag den anderen schmeicheln, doch es erhöht die eigene innere Schwäche, indem man sich an Abhängigkeit gewöhnt. Wenn man dagegen innerlich sicher ist, nehmen einem die Menschen die eigene Unabhängigkeit vielleicht übel, doch kann einen dies nicht beeinflussen. Dann kann man seine Fähigkeiten vollkommen zum Ausdruck bringen, ohne sich darum sorgen zu müssen, von jenen geächtet zu werden, die einem den Erfolg neiden.

✦ ✦ ✦

Wenn du dich in einer Position von untergeordneter Verantwortung befindest, ist es gut, häufige und offene Kommunikation aufrechtzuerhalten.

In einer Position von untergeordneter Verantwortung ist man auf der einen Seite verantwortlich gegenüber jenen, die unter einem stehen, und auf der anderen Seite verantwortlich gegenüber jenen, die über einem stehen. Deshalb ist es unumgänglich, gute Beziehungen zu beiden, den Untergebenen wie auch den Vorgesetzten, zu unterhalten, damit die gesamte Organisation oder Arbeit gleichmäßig verlaufen kann und alle, die daran beteiligt sind, ihren Teil mit ununterbrochener Leistungsfähigkeit beitragen können.

Der Schlüssel zu guten Beziehungen liegt in regelmäßiger Kommunikation, und der Schlüssel zu Kommunikation ist Offenheit. Durch häufige Kommunikation ist es möglich, Schritt zu halten mit den sich verändernden Umständen, und durch offene Ehrlichkeit ist es möglich, sich auf die Meinung und Gefühle der Kollegen wirksam zu beziehen.

✦ ✦ ✦

Wenn deine Pläne durchkreuzt wurden, wirst du der Katastrophe entgehen, indem du nach Hause gehst und unaufdringlich lebst.

Es ist unmöglich, jedesmal zu gewinnen, bei allen Unternehmungen Erfolg zu haben oder immer seinen Willen durchzusetzen. Wer bei einer Sache keinen Erfolg hat und sich dennoch hartnäckig weigert, den Fehlschlag oder die Niederlage anzuerkennen, wer mehr auf sich nimmt als er tragen kann und nicht bereit ist, Situationen zu erkennen, in denen er nicht gewinnen kann und statt dessen arrogant seinem Anliegen Nachdruck verleiht und um den Sieg kämpft, kann sich ins Unglück bringen. Wer weiß, wann er genug hat und seine Grenzen ehrlich und taktvoll anerkennt, zufrieden bleibt mit seinem Schicksal und im Rahmen seiner Möglichkeiten lebt, der kann unnötigen Ärger vermeiden und wird selbst in Zeiten der Niederlage nicht erdrückt.

Es ist glückbringend für Menschen, einander zur Normalität zurückzuführen.

Wer einen Aspekt in seinem Leben übertreibt, wird versuchen, das Gleichgewicht wiederherzustellen. Deshalb ist es wichtig, das Gespräch mit anderen zu suchen, um seine Fehler zu korrigieren und zur Normalität zurückzufinden. Besonders glücklich wird sich derjenige schätzen, der Menschen begegnet, die klüger und erfahrener sind als er selbst, da ihr Beispiel und ihr Einfluß von unschätzbarem Wert sein können für die eigene Entwicklung.

✦ ✦ ✦

Wenn es sich herausstellt, daß die Vorgehensweise, für die du dich entschieden hast, gleichmäßig verläuft, wirst du nur Glück haben, wenn du beharrlich bleibst und ungestört von äußeren Dingen.

Wann immer die Dinge leicht laufen, mag man zu Selbstzufriedenheit neigen. Dies kann zu Unvorsichtigkeit führen, die wiederum eine gesteigerte Empfänglichkeit für äußere Einflüsse zur Folge haben kann. Wenn man entspannt und unvorsichtig ist, kann man durch das Auftreten unvorhergesehener Ereignisse abgelenkt werden und von seinem Weg abweichen. Jeder weiß um die Bedeutung von Beharrlichkeit und innerer Stärke inmitten von Schwierigkeiten; doch ist es von noch größerer Bedeutung, sich dieser Eigenschaften in ruhigen Zeiten zu erinnern, da sie gern vergessen werden in Abwesenheit rauher Bedingungen. Wenn man sich also auf einem leichten Weg befindet, wird man schließlich nur dann Glück haben, wenn man darauf bedacht ist, sich nicht von der Mühelosigkeit täuschen zu lassen, beharrlich bleibt und sich von äußeren Ablenkungen fernhält.

Es ist nichts Falsches daran, allein an sich selbst zu arbeiten, wenn es erforderlich ist; doch hilft das jenen um dich herum noch nicht.

Man kann nicht für andere tun, was man für sich nicht tun kann. Aus diesem Grunde ist es erforderlich, sich selbst zu entwickeln, bevor man anderen eine wahre Hilfe sein kann. An seiner eigenen Entwicklung zu arbeiten kann deshalb in der Tat altruistisch sein, auch wenn es selbstsüchtig zu sein scheint; doch in dem Stadium, in dem man sich auf die Arbeit an sich selbst konzentriert, hat der zukünftige Nutzen für andere noch keine Gestalt angenommen und ist deshalb den Menschen um einen her noch nicht offenbar.

✦ ✦ ✦

Wenn man sich in einer unsicheren Lage befindet, ist es gut, Bescheidenheit zu üben.

Wenn man Kraft unbescheiden gebraucht, während man sich in einer ungewissen Lage befindet, wird man voraussichtlich das Gleichgewicht verlieren und zu weit gehen. Selbst wenn man über die notwendige Energie zum Handeln verfügt, wird man möglicherweise, wenn die Lage ungewiß ist, seine Kräfte falsch anwenden und dadurch die Verwirrung noch erhöhen. Deshalb ist es das Beste, sich unter solchen Umständen zu beherrschen und impulsive Handlungen zu vermeiden.

✦ ✦ ✦

Wenn innere Macht sich äußerlich zu manifestieren beginnt, ist es von Vorteil, erleuchteter Führung unterstellt zu sein.

Macht ohne sinnvolle Lenkung ist schlimmer als Schwäche, da die Gefahr besteht, daß Kraft willkürlich und unbeherrscht angewandt wird. Wenn Energie im Innern aufgebaut und im äußeren Leben sichtbar wird, ist es besonders wichtig, auf wertvolle Beispiele zu schauen und geführt zu werden bei der sinnvollen Anwendung dieser Energie.

✦ ✦ ✦

Demütige Arbeiter, die ihr Ziel vollenden, werden Glück haben.

Demut ist eine sinnvolle Eigenschaft, da sie Reibung reduziert. Sie ebnet den Pfad der menschlichen Beziehungen, und sie befähigt uns, einen maximalen Nutzen aus der Verbindung mit anderen zu ziehen, indem sie uns von der Last egoistischer Selbstgefälligkeit befreit. Die Demut erlaubt uns auch, ein Ziel geduldig zu verfolgen, ohne von unrealistischen Ansprüchen an uns selbst behindert zu werden.

Wird sie in den Stand einer wertvollen Tugend an sich erhoben, verwandelt sich die Demut in ihr Gegenteil und wird zu einem Übel. Auf Demut stolz zu sein hebt ihre nützlichen Auswirkungen auf. Deshalb ist wirkungsvolle Demut nicht jene ersonnene Bescheidenheit, auf die man heimlich stolz ist, sondern die Transzendenz des Ego, wodurch Widerstände in der Umgebung auf ein Minimum reduziert und Unternehmungen vereinfacht werden. So erkennt man wahre Demut an ihrer Wirkung und nicht an ihrer Erscheinung.

Wenn es an der Zeit ist, aus der Verborgenheit herauszutreten, versuche nicht, überstürzt eine Korrektur der Angelegenheiten zu bewirken.

Wenn Vernunft und Gerechtigkeit durch die Brutalität von Tyrannen (seien sie menschlicher, begrifflicher oder materieller Art) unterdrückt wird und die Bedingungen so sind, daß es keine Möglichkeit gibt, eine Verbesserung durch offenes Handeln herbeizuführen, kann es vorsichtig oder notwendig sein, in die Verborgenheit zu gehen.

In die Verborgenheit gehen kann bedeuten, sich aus dem Brennpunkt der Dinge zurückzuziehen, es kann aber auch einfach bedeuten, seine Meinungen für sich zu behalten. Je nach Situation kann es auch intelligente Verstellung bedeuten. Auf jeden Fall kann nichts ewig bestehen, auch nicht die unterdrückende Macht von Tyrannen; schließlich muß eine Zeit kommen, in der die Gezeiten wechseln und das Potential für positives Handeln gegeben ist.

Ungeduld, den Wandel herbeiführen zu wollen, die zu der Kraft unterdrückter Gefühle hinzutritt, kann überstürztes Handeln hervorrufen, bevor die Zeit wirklich reif ist. Eine Zen-Weisheit sagt: »Was lange vernachlässigt wurde, kann nicht sogleich wiederhergestellt werden; Übel, die sich über einen langen Zeitraum angesammelt haben, können nicht sogleich entfernt werden.«

✦ ✦ ✦

Wo kein Widerstand ist, gibt es kein Hinterfragen.

Wenn alles so zu laufen scheint, wie man es sich vorstellt, kann man selbstgefällig werden und willkürlich handeln, ohne irgendeine Notwendigkeit zu verspüren, die eigenen Motive und Handlungen zu überprüfen. Eine Zen-

Weisheit sagt: »Katastrophen können Glück hervorbringen«, wenn man ernst und aufrichtig wird, wenn man Schwierigkeiten gegenübersteht, und »Glück kann Katastrophen hervorbringen«, wenn man selbstgefällig und anmaßend wird, wenn alles glatt verläuft. Folglich sagt man: »Weise haben ihr Leben lang Sorgen, doch niemals irgendwelchen Ärger.«

✦ ✦ ✦

Wenn du erfolgreich aufsteigst, wirst du angegriffen werden, sofern du keine Vorsichtsmaßnahmen ergreifst; das ist bedauerlich.

Ein alltägliches japanisches Sprichwort sagt: »Der Nagel, der hervorsteht, wird geschlagen.« Diese Weisheit wird oft benutzt, um den japanischen Konformismus in seinen Haltungen und Mechanismen zu veranschaulichen, sie kann aber auch allgemeiner dazu benutzt werden, die Auswirkungen von Neid und Eifersucht zu veranschaulichen. Wo immer irgend jemand bei irgend etwas Erfolg hat oder eine hohe Stellung erlangt, scheinen leider auch immer jene zu sein, die den Erfolgreichen angreifen oder seinen Niedergang herbeiführen wollen. Wenn er diesen Aspekt der menschlichen Psychologie versteht, wird der Vorsichtige darauf achten, nicht den Neid der anderen zu erregen. Aus diesem Grund sprachen die alten Zen-Meister davon, Ruhm zu vermeiden und Demut anzunehmen.

✦ ✦ ✦

Kehre um, wenn du Gefahr siehst.

Die alte taoistische Philosophie legt großen Wert darauf zu wissen, wann man innehalten muß. Wenn man sieht, daß eine Vorgehensweise zu gefährlichen Situationen führt, hält man besser inne und kehrt um, als blind fortzufahren in der Hoffnung, es werde schon gutgehen. Deshalb ist es wichtig, eine Gefahr vorauszusehen, während man sie noch abwenden kann. Dies ist eine der Hauptfunktionen des Buches der Wandlungen selbst – die Einsicht in die Natur der Ereignisse zu schärfen und vorhersehbare Vorgehensweisen auszuarbeiten.

✦ ✦ ✦

Unbeweglichkeit ist verhängnisvoll, zu viel Ehrgeiz ist gefährlich.

Wenn man sich Veränderungen nicht anpassen kann, verliert man schließlich den Kontakt zu den zeitlichen Gegebenheiten. Wenn man nicht fähig ist, sich in die Lage anderer zu versetzen, kann man sie nicht verstehen und sich auch nicht wirksam mit ihnen verständigen. Folglich ist man durch Unbeweglichkeit im Berufs- wie auch im Privatleben benachteiligt.

Dies ist besonders dann wahr, wenn man unbeweglich ist im Sinne von unnachgiebig in seinen persönlichen Ambitionen und wenn man darauf besteht, vorher festgelegte Ziele zu erreichen, ohne Rücksicht zu nehmen auf irgend jemanden oder irgend etwas anderes. In einem solchen Fall werden die eigenen Ambitionen einen gefährden, da man keine Möglichkeit hat, die direkte Konfrontation mit Menschen oder Situationen zu vermeiden, die einem im Weg zu stehen scheinen.

Du kannst nicht für immer frei sein von Sorge; wenn schwierige Zeiten kommen, sei beharrlich.

Alles ist in dauerndem Wandel begriffen; die Tatsache des Lebens, die sich nicht wandelt, ist der Wandel selbst. Bei einer unerfreulichen Sachlage kann diese Erkenntnis Freude bringen; in einer erfreulichen Situation kann dieses Bewußtsein Trauer hervorrufen. Es ist besonders wichtig, sich an die Realität des Wandels dann zu erinnern, wenn die Dinge gut laufen, damit man die Konsequenzen von Selbstgefälligkeit, Arroganz und Anmaßung, die sich leicht unter solchen Bedingungen entwikkeln können, abzuwenden vermag.

Es gibt einen alten Grundsatz der Kriegskünstler und Strategen, die sich auch auf andere Bereiche anwenden läßt: »Wenn du gewonnen hast, verhalte dich so, als hättest du nicht gewonnen.« Wer erfolgreich ist und sich daran erinnert, daß Wandel wie Wind kommt und Routine bewußt vermeidet, der kann auch durchhalten, wenn Bedrängnis und Schwierigkeiten auftreten. Auf diese Weise wird man fähig, unter allen Bedingungen gut zu überleben.

✦ ✦ ✦

Es ist widersinnig, zu viel Kraft zu verwenden.

Alles hat sein richtiges Maß. Alles, was zu knapp ist, wird die Aufgabe nicht erfüllen, und alles, was zu viel ist, kann das Ergebnis verderben. Kraft anzuwenden in einer Situation, die Takt erfordert, verursacht viele Fehler. Die grundlegende Lehre des Buches der Wandlungen dreht sich um die Notwendigkeit, Kraft durch Nachgiebigkeit zu mäßigen und Entschlossenheit durch Anpassungsfähigkeit zu mildern, um ein wirkungsvolles Gleichgewicht zwischen sich gegenseitig ergänzenden Eigenschaften zu erreichen.

✦ ✦ ✦

Benutze das Beste von dir, um negative Einflüsse zu überwinden.

Wenn man von frustrierenden Problemen bedrängt wird, ist es wichtig zu vermeiden, daß sie die Stimmung entscheidend beeinflussen, da der geistige Rahmen dazu neigt, seine eigene Natur in Form von weiteren Frustrationen und Problemen zu stützen. Die Chance, auch unter negativen Bedingungen gut zu überleben und schließlich doch noch Erfolg zu haben, wird höher sein, wenn man fähig ist, seine inneren Reserven zu berühren und seine positivsten Eigenschaften hervorzubringen. Wenn man diese verborgene Kraft, die unberührt ist von äußeren Einflüssen, entdeckt, nährt und fördert, dann wird es möglich, Bedingungen zu überwinden, die einem sonst im Wege stünden und Erfüllung verhinderten.

✦ ✦ ✦

Es ist gut, immer aufrichtig zu sein, wenn man Erfolg hat.

Wenn der Erfolg zu Selbstgefälligkeit, Inflation des Ego und Gleichgültigkeit gegenüber den Problemen und Sorgen anderer führt, wird er sich schließlich in Mißerfolg verwandeln, in Ermangelung der Eigenschaften, die notwendig sind, um erfolgreiche Unternehmungen zu erneuern und zu erhalten. Deshalb sind Aufrichtigkeit und Ehrlichkeit um so notwendiger, wenn man erfolgreich ist.

Es gilt zu vermeiden, durch die Früchte des Erfolges verdorben zu werden.

✦ ✦ ✦

Solange du wirklich wachsam bist, gibt es nichts, worum du dich sorgen müßtest, selbst wenn Menschen versuchen, dich unerwartet anzugreifen.

Man kann Menschen nicht unbedingt davon abhalten, sich einem selbst gegenüber aggressiv zu verhalten, und man kann sich Angriffen gegenüber nicht unbedingt unverwundbar machen; wenn man aber wachsam ist, kann man solche Probleme vorhersehen und sie vermeiden, indem man sich aus der Schußlinie begibt, bevor etwas Ernsthaftes geschieht.

✦ ✦ ✦

Wenn du große Fähigkeiten hast, Verantwortung zu tragen und ein Ziel verfolgst, dann wirst du ohne Tadel sein.

Jemand mag ein Ziel haben, jedoch nicht die Mittel, es zu erreichen; ein anderer mag die Kraft haben, große Dinge zu erreichen, jedoch keine Richtung, in die er seine Kraft lenken kann. Jener, der ein Ziel hat, dem es aber an Mitteln fehlt, mag ein müßiger Träumer oder verbitterter Versager werden; jener, der die Kraft hat, dem es aber an Richtung fehlt, mag zu einem Tyrannen oder einer Marionette werden. Nur wenn man beides hat, die Fähigkeit, Arbeiten zu vollenden und ein Ziel, auf das man diese Fähigkeit lenken kann, wird man ohne Tadel sein in seinem Handeln.

✦ ✦ ✦

Unreife Menschen benutzen Macht; reife Menschen tun das nicht.

Macht ist eine der härtesten Charakterprüfungen. Wenn sie einem zu Kopfe steigt, kann man zu einem egoistischen Tyrannen werden. Macht, die dazu mißbraucht wird, eine Person zu überhöhen, kann nicht wirkungsvoll genutzt werden zum Vorteil der Gesellschaft im ganzen. Reife Menschen sind jene, die in der Lage sind, sich selbst zu beherrschen und Machtmißbrauch zu vermeiden.

✦ ✦ ✦

Quellen

Chih-hsu Ou-i: *The Buddhist I Ching,* übersetzt von Thomas Cleary, Boston, Shambhala Publications 1987.

Eine analytische Interpretation des Klassikers mit Kommentaren, die auf politischen, sozialen, religiösen, philosophischen und psychologischen Standpunkten basieren.

I Ching – The Book of Change, übersetzt von Thomas Cleary, Boston, Shambhala Publications 1992.

Eine einzigartige Übersetzung des Kerntextes des *I Ging* mit grundlegenden Kommentaren und Erklärungen, die von jeher Konfuzius selbst zugeschrieben wurden.

I Ching Mandalas, übersetzt von Thomas Cleary, Boston, Shambhala Publications 1988.

Eine Reihe von Schriften, die es erleichtern, das Buch der Wandlungen zu strukturieren, zu analysieren, zu lesen und zu befragen, um zum Kern der Weisheit vorzudringen.

Liu I-ming: *The Taoist I Ching,* übersetzt von Thomas Cleary, Boston, Shambhala Publications 1986.

Eine eingehende Erläuterung des Klassikers von einem pragmatischen neotaoistischen Standpunkt. Eingeschlossen in dieses Buch ist »The Confucian Changes«, eine neotaoistische Erläuterung der Konfuzius zugeschriebenen Kommentare.

Unterweisungen in der Kunst des Krieges

Sunzi

✦ ✦ ✦

Beweglichkeit

Sunzi sagte: »Ordne deine Kräfte strategisch und halte dich dabei an das, was vorteilhaft oder nützlich ist.«

Man behalte Flexibilität in den Mechanismen organisatorischer Strukturierung und Arbeit, so daß Anordnungen sich mit maximaler Effizienz verschieben und neu zusammenstellen können, um Veränderungen oder besonderen Notwendigkeiten, die mit der Zeit auftreten, zu begegnen.

✦ ✦ ✦

Täuschung

Sunzi sagte: »Kriegführung beinhaltet Täuschung.«

Im Kampf muß man anders erscheinen als man ist, um nicht festgenagelt oder durchschaut zu werden. Dadurch entzieht man Gegnern den Vorteil zu wissen, womit sie zu tun haben und was sie erwarten müssen.

Sind die Dinge so, wie Sie sie sich vorstellen, oder treten die Projektionen anderer in das Bild ein? Versuchen Sie, Ihre eigenen wie auch die Projektionen anderer zu beurteilen.

Hat irgend jemand Sie »durchschaut«? Oder meint irgend jemand, Sie durchschaut zu haben? Unterstützen Sie diese Rolle, diese Erwartung? Benutzen Sie dieses Bild als Deckung, als Tarnung? Weshalb? Was könnte sonst noch vollendet werden in dem Raum, der von anderen Menschen zurückgelassen wird, die ein Bild von Ihnen haben, das lediglich eine Projektion ihrer eigenen Erwartungen ist?

✦ ✦ ✦

Dumme werden erschaffen

Sunzi sagte: »Verführe deine Gegner mit der Aussicht zu gewinnen und greife sie an, indem du Verwirrung stiftest.«

Hier ist eine allgemeine Taktik, über die es sich lohnt, nachzudenken: Man lasse jeden glauben, es sei mehr Gewinn zu machen durch maximales Vertrauen auf Außenhandel und Fremdwährung als durch maximale Selbstgenügsamkeit, ergänzt durch Außenhandel mit grundlegenden Produkten, die der heimischen Wirtschaft fehlen. Dann vergleiche man die eigenen Vorstellungen der Ergebnisse und zukünftigen Konsequenzen der früheren Taktik und der jüngsten Politik.

Hier einige Fragen, um darüber nachzudenken: Glauben Amerikaner, daß es besser ist, individuell weniger für ein besseres ausländisches Produkt zu bezahlen, wenn dadurch die einheimische Industrie so viel weniger lebensfähig wird? Sollten die Bürger die einheimische Industrie unterstützen, wenn dies aufgrund der Rückständigkeit der regionalen Standards und Technologien eine größere Zerstörung der Umwelt bedeutet?

Wenn man bedenkt, daß es für alles einen Preis gibt, ein Minus für jedes Plus, wie können dann grundlegende

Fragen vermischt werden, indem ein einzelner Gewinn oder Verlust aus der Gesamtsicht isoliert und über seine Verhältnisse vergrößert wird?

✦ ✦ ✦

Wut und Verwirrung

Sunzi sagte: »Erzürne deine Gegner, um sie dann in Verwirrung zu stürzen.«

Den Gegner den »Kopf verlieren« zu lassen, kann eine wirkungsvolle Art sein, die Energie aggressiver Menschen zu zerstreuen, denen man nicht erfolgreich direkt begegnen kann. Es kann eine effiziente Art sein, den Niedergang der Arroganten und Selbstgefälligen herbeizuführen.

Man bedenke, wieviel Energie in Amerika darauf verwandt wird, Japan zu verteufeln. Dies ist oft eine leere und wirkungslose Geste der Frustration. Würde dieselbe Energie auf die Suche nach konstruktiven Lösungen verwandt, wäre die Situation harmonischer. Eine Menge fruchtloser Emotion wird dennoch akzeptiert, da Politiker sie als Nebenvorstellung für ihre Wähler nutzen, statt Lösungen zu versprechen für Amerikas Gesichtsverlust als Industriemacht.

Japan wäre es wahrscheinlich lieber, wenn Amerika seinen Dampf weiterhin abließe, indem es Japan verteufelt, als daß es zu einem wahrhaften Konkurrenten würde. Wenn Amerika genügend damit beschäftigt ist, sich wegen seiner eigenen Misere über andere zu ärgern, so kann eben dies verhindern, daß sich die Aufmerksamkeit und Konzentration, die für ernsthafte Lösungen erforderlich wären, jemals im amerikanischen Bewußtsein entwickeln.

Wenn Amerikaner sich also ihrer Wut auf Japan hingeben, sollten sie vorsichtig sein, daß diese Haltung nicht zu einem Schuß wird, der nach hinten losgeht.

Um die Auswirkungen von Wut auf die eigene Wahrnehmung zu beobachten, sollte man die Fähigkeit ausbilden, Stimmungen von Wut willentlich hervorzurufen. Gewöhnlich gibt es etwas Vergangenes oder Gegenwärtiges, das man benutzen kann, um sich aufzuregen, wenn man nur daran denkt. Dann kann man die Stimmung von Wut als eine Linse benutzen, durch die man andere Dinge sieht und beobachten, wie diese Dinge aussehen, wenn man sich so fühlt.

Wut zu meistern bedeutet nicht unbedingt, die eigenen Gefühle zu unterdrücken. Wut zu meistern beinhaltet zuerst einmal, zu verstehen, wie man durch Wut beeinflußt wird, um dann zu lernen, diesen Einfluß zu berücksichtigen und zu lernen, zur Seite zu treten. Indem man die Wut als Gast betrachtet und sich nicht mit ihr als der Gastgeberin identifiziert, kann man lernen, die Wut unbenutzt zu lassen, selbst wenn sie auftritt, oder sie in positive Inspiration umzuleiten, ohne die eigene Wirksamkeit zu verlieren, indem man zusätzliche Energie auf den Versuch verwendet, die Emotion zu kontrollieren.

✦ ✦ ✦

Demut

Sunzi sagte: »Täusche Demut vor, um deine Gegner arrogant zu machen.«

Wenn Japan auf der Anerkennung seiner Rechte besteht, wird Amerika wütend. Wenn Japan demütig ist, wird Amerika arrogant. Wenn Japan scheinbar nicht die Position politischer Führerschaft in der Welt einnehmen will, wie Amerika sich oft beklagt, könnte der Grund dafür darin liegen, daß den Japanern das »Keinen-Anspruch-Erheben« eine bessere Methode zu sein scheint, ihren Willen zu bekommen.

✦ ✦ ✦

Ermüdung

Sunzi sagte: »Ermüde deine Gegner, indem du vor ihnen davonläufst.«

In endlosen Diskussionen und Verhandlungen, in denen eine Seite anscheinend nachgibt, wird tatsächlich nur wenig bis gar nichts erledigt – dies war bei den Handelsgesprächen zwischen den USA und Japan fast immer der Fall.

So eine Situation kann überall entstehen. Wenn man eine einzelne Tätigkeit betrachtet, sollte man versuchen zu bestimmen, ob das Handeln zweckgerichtet ist und zum Ziel führt, oder ob es im Gegenteil verhindert, Zeit und Ressourcen nutzbringend anzuwenden.

Wenn es sich um eine Interaktion handelt, sollte man versuchen herauszufinden, ob alle Parteien die gleiche Sichtweise vertreten. Wenn eine Seite denkt, das übergeordnete Ziel sei die tatsächliche Tagesordnung, während die andere Partei etwas anderes annimmt, können komische Tragödien und tragische Komödien das Ergebnis sein. Auch hier liegt es wieder am Standpunkt des Beobachters.

✦ ✦ ✦

Sechsunddreißig Strategien

✦ ✦ ✦

Schleiche über den Ozean in voller Sicht.

Diese Strategie beinhaltet, eine Fassade bis zu dem Punkt zu kultivieren, an dem sie für selbstverständlich gehalten wird und folglich als Tarnung genutzt werden kann, um eine dahinterliegende Absicht zu erreichen.

Das gegenwärtige Bild von Japan als einem friedlichen, pazifistischen Land und einem Leichtgewicht in der internationalen Politik wird selten auf den Wert hin untersucht, den es für Neofaschisten und Militaristen haben könnte.

Aufgrund des Bildes eines friedlichen, politischen Leichtgewichts ist es möglich, daß gegenläufige Tendenzen in der japanischen Regierung und Gesellschaft tatsächlich übersehen werden oder nicht ernstgenommen werden könnten, bis sie ein Ausmaß angenommen haben, das spürbar schwer zu kontrollieren ist.

✦ ✦ ✦

Bedränge eine Partei, um eine andere zu retten.

Bei dieser List tritt eine Gruppe auf einer Seite in einen Disput ein, um vorgeblich eine bedrängte Partei zu verteidigen. In Wahrheit jedoch beabsichtigt sie, ihren eigenen Einflußbereich zu erweitern.

Wenn eine Nation wirklich zur Lösung sozioökonomischer Probleme an ausländischen Schauplätzen beitragen kann, kann sie in Wirklichkeit ihr eigenes »Territorium« ungestraft vergrößern.

Wenn Japan in der Weltpolitik unabhängiger würde von den Vereinigten Staaten und dann (wie es die UdSSR immer tat) kleineren Nationen, die sich von der U.S.-Macht ausgenutzt oder ausgebeutet fühlen, zu Hilfe käme, könnte es seinen Einflußbereich unter dem Deckmäntelchen der Rechtschaffenheit erweitern.

Genau dies versuchte Japan mit seiner Idee der »Globalen Ostasien-Wohlstandskooperationssphäre«, die in Wirklichkeit nichts anderes war als eine Fassade für japanischen Imperialismus.

So unwahrscheinlich die Wiederholung desselben Plans in derselben Form zu sein scheint, ist die Annahme der Unmöglichkeit des Unwahrscheinlichen eines der ersten Anzeichen der Niederlage in der Kunst des Krieges.

✦ ✦ ✦

Leihe eines anderen Waffe, um deinen eigenen Feind zu schlagen.

Dies bedeutet, jemanden dazu zu bringen, den eigenen Kampf stellvertretend für einen selbst zu bestreiten. Wenn die Vereinigten Staaten Japan beschuldigen, ein politisches Leichtgewicht zu sein, so bedeutet das oft, daß Japan den Vereinigten Staaten in der Arena der Weltpolitik sein Schwert nicht in dem Maße leihen will, wie es die Vereinigten Staaten gerne hätten, angesichts der tatsächlichen materiellen Kraft dieses Schwertes.
Die Vorstellung eines Japan, »das seinen Anteil der Verteidigungslast akzeptiert«, könnte von den Japanern als Versuch angesehen werden, als »geliehenes Schwert« gegen die Feinde der Vereinigten Staaten benutzt zu wer-

den. Japan will jedoch nicht in den Mittelpunkt politischer Auseinandersetzungen gezogen werden, die es wahrnimmt als Sache anderer Nationen.

Eine Nation, deren Wirtschaft stark von der Waffenproduktion abhängt, könnte auf der anderen Seite jedoch gewillt sein, die Rolle eines »geliehenen Schwertes« anzunehmen, wäre ihre Militärtechnologie bis zu einem Punkt fortgeschritten, an dem sie überzeugt wäre von einem günstigen Kosten/Nutzen-Verhältnis.

✦ ✦ ✦

Tritt jenen, die müde sind, entgegen, während du dich noch wohl fühlst.

Dies bedeutet, daß es vorteilhaft ist, die eigene Sicherheit zu sehen, während man Konkurrenten dazu bringt, sich selbst zuzusetzen.

Man vergleiche einmal Bildung und Industrie in Japan und in Amerika, nicht nur von dem Standpunkt her, was sie erreichen, sondern im Sinne der relevanten Stimmungen und Haltungen innerhalb der Konzerne selbst, wie auch der Gesellschaft im Ganzen.

Man sollte dabei die eigentliche Bedeutung Japans beachten, das die Weltführung in den Bereichen Technologie, Finanzwesen und Management beansprucht.

Konfuzius sagte, man solle nicht darum besorgt sein, eine Machtposition innezuhaben, sondern sich besser darum sorgen, wie man wirklich die Kompetenz und Qualifikation erhält, Macht sinnvoll zu nutzen. Wenn man in der Lage des Erschöpften ist und andere sich in der Lage der Ausgeglichenheit befinden, ist es nicht sinnvoll anzugreifen; der Rat von Konfuzius ist das angezeigte Heilmittel in dieser Situation.

Beobachte die Probleme anderer von einem günstigen Standpunkt aus.

Dies bedeutet, aus der Distanz zuzusehen, wenn Konkurrenten sich in ihre eigenen internen Probleme verstricken und abzuwarten, bis sie in solch einen Zustand des Verfalls geraten, daß sie sich in eine leichte Beute verwandeln für Plünderer und Aasgeier.

Es wäre interessant, im Lichte dieser Strategie zu vergleichen, wieviel wirtschaftlichen Einfluß Japan in den Vereinigten Staaten ausübt und wieviel es zur Lösung sozioökonomischer Probleme in den Vereinigten Staaten beiträgt.

In allgemeineren, globaleren Worten – inwieweit nutzen Nationen die Ressourcen anderer Nationen aus, inwieweit nutzen Nationen die Probleme anderer Nationen aus und inwieweit tragen Nationen zur Wohlfahrt anderer Nationen bei?

✦ ✦ ✦

Verberge aggressive Absichten hinter einer schmeichlerischen Fassade.

Ein Beispiel für diese Strategie bietet die japanische Kulturfront, wie sie auf der Ebene existiert, die von nationalistischen japanischen Interessen gesponsort wird. Es wird davon ausgegangen, daß westliche Menschen eine geringere Antipathie gegenüber Japan empfinden, wenn sie die japanische Kultur besser kennen, verstehen und wertschätzen, und daß sie aufgrund dessen vermutlich weniger Anstoß nehmen werden an der wirtschaftlichen Macht Japans.

Dies funktioniert jedoch nicht immer gut, da Amerikaner nicht unbedingt begeistert sind von der traditionellen japanischen Hochkultur und nicht daran gewöhnt sind, andere Kulturen als gleichwertig zu betrachten, geschweige denn als überlegen anzusehen oder sie sogar einer Position globaler Führerschaft als würdiger zu erachten.

Ein anderes Beispiel für diese Strategie findet sich bei Amerikanern, die etwas Japanisch lernen unter der Annahme, daß dies im Umgang mit Japan von Vorteil sei. Auch dies funktioniert nicht immer gut, da die Japaner Gesten, die aus Motiven persönlichen Profits gemacht werden, nicht unbedingt als Spiegelung eines echten Interesses an irgendeinem Aspekt ihrer Kultur betrachten; und falls sie die Motive eines Menschen nicht erkennen können, werden sie Schritte unternehmen, um diese herauszufinden, und falls sie dazu keine Zeit haben, werden sie sich von dieser Person sicherheitshalber einfach fernhalten.

Und noch ein anderes Beispiel für diese Strategie bietet das Gegenstück zu ultranationalistisch inspirierten japanischen Studien im Ausland: Es gibt ausländische Kreise, die sich der japanischen Kultur gegenüber interessiert und aufgeschlossen geben, während sie jedoch in Wirklichkeit kulturelle Gegensätze vertiefen, indem sie durch die Verbreitung von Unwahrheiten Vorurteile fördern.

✦ ✦ ✦

Ein Baum wird um eines anderen Baumes willen gefällt.

Eine der organisatorischen Stärken der Japaner wird durch dieses Strategem verkörpert, das im wesentlichen die Bereitschaft oder die Anerkennung der Notwendigkeit bedeutet, daß ein Einzelner ein persönliches Opfer im Interesse der Gemeinschaft bringt. Obwohl Selbstaufopferung als christliche Tugend gilt, haben der Individualismus der Spätrenaissance und die zahllosen Möglichkeiten, sich in einer scheinbar unbegrenzten neuen Welt anszusiedeln, es den westlichen Menschen, insbesondere den Amerikanern, schwergemacht, diese besondere Kraft in dem Maße aufzubringen, wie dies sehr viel älteren Zivilisationen gelingt. Dies könnte sich jedoch in Zukunft ändern.

✦ ✦ ✦

Mache zeitweiligen Gebrauch von einem toten Körper, um einen Geist wiederzubeleben.

Ein Beispiel für diese Strategie bietet in Japan die Wiederbelebung der traditionellen Kultur als Fokus nationalen Stolzes, trotz der Tatsache, daß die traditionelle Kultur tatsächlich relativ wenig zu tun hat mit dem Alltagsleben des modernen Japan, abgesehen von einigen Scheinvorschriften. Der Gebrauch einer versteinerten traditionellen Hochkultur als Beruhigung oder Köder, um die Aufmerksamkeit von Fraktionen innerhalb der Organisationen politischer und wirtschaftlicher Rivalen zu erlangen oder abzulenken, wäre ein anderes Beispiel für dieses Strategem.

✦ ✦ ✦

Stiehl einen Balken aus dem Gebäude eines anderen, um damit einen Pfeiler in deinem eigenen zu ersetzen.

Dies ist eine klassische Beschreibung dessen, was wir »Head-hunting« nennen. Das »Head-hunting« wird in der japanischen Gesellschaft nicht so häufig praktiziert wie in der amerikanischen Gesellschaft, doch wird es definitiv von den Japanern auf internationaler Ebene praktiziert. Zahlreiche hochrangige Personen aus den Reihen der U.S.-Handelsunterhändler und des U.S.-Bundesbankensystems wurden gewinnbringend abgeworben von japanischen Konzernen, die im Außenhandel tätig sind.

✦ ✦ ✦

Lasse Gegner auf ein Dach klettern und nimm dann die Leiter unter ihnen weg.

Ein Beispiel für diese Strategie wäre, daß Japan und andere Länder den Produktionssektor übernehmen, während die Vereinigten Staaten sich dem Dienstleistungssektor zuwenden. Wenn Dienstleistung und Management nicht auf dem unterstützenden Gefüge von Primär- und Sekundärproduktion (Landwirtschaft und Industrie) aufbauen, dann paßt die Metapher gut zur Warnung vor einer tatsächlichen Gefahr.

✦ ✦ ✦

Laß deine Festung leer erscheinen.

Dieses Strategem bezieht sich auf die Vortäuschung von Schwäche oder Unfähigkeit, um Gegner in bezug auf die Natur der Bedrohung gegen sie irrezuführen. Ein Beispiel dafür ist Japans scheinbare Akzeptanz der Rolle eines politischen Leichtgewichts, die so weit geht, daß Japan Aufmerksamkeit auf sich lenkt, indem es seine Selbstschindung durch seine vermeintliche Passivität in der Weltpolitik öffentlich zur Schau stellt, während es weitreichende wirtschaftliche Macht ausübt, die in Wirklichkeit nicht von politischer Macht getrennt werden kann.

✦ ✦ ✦

Setze Doppelagenten ein bei deinen Plänen.

Obgleich dies aus irgendwelchen Gründen nicht als Einsatz von Doppelagenten betrachtet wird, ist es bekannt, daß mächtige japanische Unternehmen regelmäßig Amerikaner anheuern, die vormals in entscheidenden Ämtern angestellt waren, um die empfindlichen Informationen, Kontakte und Einflüsse zu erhalten, die notwendig sind, um tiefe japanische Wurzeln in das Gefüge der amerikanischen Wirtschaft zu schlagen.

✦ ✦ ✦

Quellen

Sunzi: *Kunst des Krieges,* München 1988.

Das Buch beinhaltet elf klassische Kommentare, mit taoistischem Einführungsmaterial.

Miyamoto Musashi: *Das Buch der fünf Ringe,* Düsseldorf 1993.

Ein Klassiker über die Praxis der Konfrontation und des Sieges, geschrieben von dem berühmten Duellisten und ungeschlagenen Samurai. In dieses Buch eingeschlossen ist Yagyu Munenoris *Book of Family Traditions on the Art of War,* das die spirituellen und ethischen Dimensionen des Pfades des Kriegers betont.

Thomas Cleary: Zu *wissen, wann man kämpfen soll – Die japanische Kultur der Strategie,* Braunschweig 1991.

Eine Darstellung der Entwicklung der unverkennbaren Besonderheiten der kriegerischen und strategischen Traditionen in Japan unter der verlängerten Vorherrschaft der Militärkaste.

Zhuge Liang und Liu Ji: *Mastering the Art of War,* übersetzt und herausgegeben von Thomas Cleary, Boston, Shambhala Publications 1989.

Schriften über die kriegerische Tradition von Sunzi, geschrieben von zweien der größten strategischen Generäle der chinesischen Geschichte, Zhuge Liang und Liu Ji. Das Buch beinhaltet die Erörterung organisatorischer Prinzipien, wie auch Kriegsgeschichten, die die Anwendung strategischer Konzepte veranschaulichen.

Thunder in the Sky – On the Acquisition and Exercise of Power, übersetzt von Thomas Cleary, Boston, Shambhala Publications, 1993.

Das Buch stellt zwei geheime Klassiker des alten China über die strategischen Künste und die Künste der Führerschaft vor, mit Kommentaren zur Anwendung dieser Lehren.